大展好書 好書大展

大展好書 好書大展

超經營新智慧 4

在印度的成功智慧

亞洲社日印經濟委員會／主編
山內利男／監修
施聖茹／編譯

大展出版社有限公司

前言

日本對印度的關心以及日印的交流，有潮汐起伏的波濤。

從佛教傳到日本的奈良時代開始，合掌是日本與印度共通的祈禱型式。以前日本人超越與天竺遥遠的距離，會向印度的神聖如來合掌祈禱。

到了第二次世界大戰前，日本向印度大陸購買棉花、銑鐵等。中日戰爭後成為日本貿易對象國的印度，超越了中國，僅次於英、美，為第三位的國家。

在一九四七年印度獨立後不久，第三世界諸國（A・A團體）的領導者，尼爾首相的卓越哲學和史觀，對於戰爭剛失敗的日本人而言，的確是非常嚮往的。而對於日本的產業復興不可或缺的鋼鐵原料，能夠長期穩定大量供給的尼爾政府的恩德，日本人也是不可以忘記的。記得筆者在當時如果腳朝向印度的方向就睡不著。

終於，日本在專心高度成長的時代，與西方諸國在尼爾逝世後，對於社會主義型經濟走向瓶頸的印度敬而遠之，結果變成親蘇聯的國家。二十多年來，日印關係走向黑暗的冷卻期。

到了一九九〇年代冷戰結束之後印度脫離了許認可、統治經濟體制(Quota and Control)。九一年七月，發表自由化經濟政策(Lideralization)，走向軌道。朝向自由化，絕不退卻的做法，終於得到國內外的認同。而從後進的限制中脫離，迎向「自由化」的語彙，給予人與外壓有關的印象，因此，自動的改稱為「經濟改革(Economic Reform)」。也包括了國際化(Glodalization)的內容在內。現在各國進駐印度市場的行動非常明顯。

以整個地球的規模來考量的話，日本和歐美看印度的角度與立足點是不同的。

日本以遠近法看在中國彼端的印度；而歐美則是以鳥瞰的方式，將印度視為是東方與西方的中核，認為中國與印度將是下一個世紀成長之亞洲的兩大支柱。

東南亞聯盟諸國最初對美、對日貿易，現在則以區域內貿易為主，而向印度尋求通往西方的活路（Corridor）。此外，舊英聯邦的南亞、豪州、印度等泛印度洋經濟圈結成的動作，也開始進行了。

筆者從一九五一年開始，二十五年來停留在印度。持續半世紀來，對印度擁有愛戀、執著，與其共生。現在各國對印度的關係，我感覺到，的確比以往更為興盛。但是，日本進駐印度市場的現況，與他國相比，還令人感到非常遺憾。

在印度開始自由化之前，日本面臨泡沫經濟瓦解的危機，日印交流面臨不幸的時機，但這只不過是長久歷史的一隅而已。儘管日本出發較慢，但是，還是可以挽回的。

一九五〇年代，一些有如武士般的戰友們，朝印度市場挺身而出，希望能夠復興日本的經濟。心意互通的各公司印度當地駐在員，最近有許多增加，這是可喜的現象。希望他們能夠著實掌握這個印度市場滿潮的契機。

而背景則是單一民族的日本，是否具有能夠進駐多樣性國家印度市場的智慧？這就是出版本書的動機。

最早進行日印交流的團體，就是日印協會（一九〇二年成立），以及日印調查委員會（六二年成立）。經濟團體則是六六年以後的日本商工會所與印度商工會所的聯合會。每年會舉辦兩次「日印經濟委員會」，召開共同會議。擔任同委會代表的山下英明會長，在九二年秋，對我做了以下的提議。

日本進駐印度的市場，非常的慎重，就是因為印度的許認可制和產業基礎等的改善還不夠。但是，歸根究底，是否是在日印之間的心靈距離（Rsychologioal Distance）？山下先生以了解這些原因為主題，召開研討會。而自己在二十多年前，就已經在亞洲社，提出了一些計劃，同社結束了與日本鄰近各國有關的研討會之後，再以印度為對象，進行研討會。

國與國之間的相互了解，必須有互惠精神才能夠進行。單方面的進駐市場，就好像是一種侵略行為一樣。印度人具有敏銳的感受性，了解對方是自私的，也還會考慮到印度的問題。所以，對方也會選擇歡迎進駐的對象。

在研討會中，要與印度人心意互通，當然能夠探討在當地新鮮的實務體驗是最好的。從印度歸國以後，擔任日印調查委員會事務局長的清好延，從企劃以及當時在印度的友人當中，挑選講師人選。如果講師陣容有遺漏的話，則我必須立刻擔任講師的工作。但是，由於清好延幅廣的人脈，因此，我不用擔心這個問題了。

除了印度研討會以外，筆者每年會有幾十次在印度當地或在日本其他的研討會中擔任講師或聽講。也許各位認為我所說的亞洲印度研討會，是自吹自擂的作法，但是，事實上，我就有很多實際的感受。

不但只是法規政策解說而已，受講者都能得到「活生生的情報」，而且對於進駐日本感到關心的一般讀者，也可以了解詳情。筆者認為，這樣可以促進日印交流。東洋經濟新報社出版局的中山英貴，和我討論出版的問題，由筆者負責主編。透過這個作業，我和中山連日協議，對他深表感謝之意。而且，煩請各位講師們幫助我，在此再次感謝。

去年以來，關經連、經團連首次訪印，而其他的協會、法人等，也再次訪印。當然，與歐美相比，速度較慢，但是，日本對印度的關心，逐漸提高。所以，今後可以預料到，進駐印度的企業，將會陸續出現。到時，關於印度情況的照會者，當然是具有長年廣泛經驗的法人，也就是說，從戰前開始，就住在印度的人，可以展開前導工作，而成為先驅的則是日本的大型、中型的商社、銀行。

進駐印度是否能夠成功，就在於當地是否有好的伙伴。印度市場非常的廣大，但是，好的伙伴有限，需要藉助一些能夠商量之對象的智慧，才能夠去挖掘出這些人才。

最近，關於印度經濟情況的指導書發行很多，對於政策法規等，提供適當的解說。但是，印度每四半期會進行法規的微調整，每年政策都會陸續改善，因此，報導內容必須不斷地更新。所以，如果要按照新規定進駐印度的人，必須要擁有對於當地最新情況非常精通的照會對象。而這對象可以從前記委員會成員的商社、銀行或是前記的相關機構當中，在適合級業種級規模的範圍內選擇。同委員會目前也支援日本中小企業進駐印度。

本書並不是網羅政策、法規等詳細知識的專門學術書，但是，卻可以啟示想要進駐印度應有之心理準備的大綱的實用書。希望大家能夠活用這些解讀和經驗，了解日印之間的問題，同時，基於二十名當地體驗而獲得的智慧，衷心的希望各位讀者能夠成功的進駐印度。

合掌

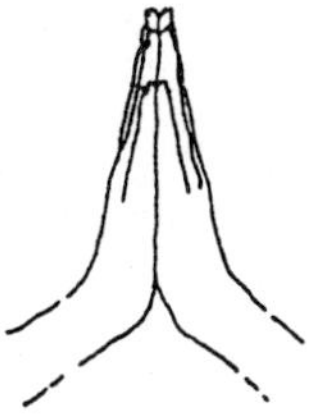

山內　利男

目錄

前言……三

1 了解印度經濟最前線的智慧

由「零的發現者」之後裔負責的南亞軟體大國——渡邊一巧……一六
打開「承包壟斷」狀態是印度汽車產業發展的關鍵——吉見文男……二五
已經無法後退的經濟、金融改革的發展——宇田川榕一郎……三二
印度期待「穩當的」企業進駐——大澤章伸……四八
日本對於印度的經濟改革發揮了作用——清 好延……五九
日本企業想要利用進駐印度而趕上歐美企業嗎——Partha s. Ghosh……六七

2 與印度人相處的智慧

從打掃到勞務管理，日本式經營已經紮根——嶋永元康……七六
與勞動有關的法律灰色領域交給夥伴處理——清　好延……八八
沒有問題就是沒進步，與官員相處的方法——樋田俊雄……九八
不要害怕口角之事，與印度人的交涉術——南部捷郎……一〇六
禁止沈默，擁有不輸給印度人自我主張的精神——清　好延……一一三

3 享受印度生活的智慧

寬容與注意力，雇用傭人的心態——細野孝子……一二〇
生活的充實必須確保「足」——山中由歧子……一二八
成爲連印度人都驚訝的「印度食通」——清　好延……一三二
從日本研究到尖端技術，在印度掀起了學習日文熱的現況
——伊勢田　涼子……一四〇

4 了解宗教、政治的智慧

種姓制度不單是身分制度而已，還是「社會」——清　好延……一四八
集合多樣性國家的印度之「寬容」——清　好延……一五四
祈禱、斷食、巡禮、印度教的基本知識——小磯千尋……一六〇
擁有世界最長憲法、世界最大的民主主義國——廣瀨崇子……一六七

5 占卜「多樣性國家」未來的智慧

印度企業與世界的橋樑，在外印度人——佐藤　宏……一七四
處理鴉片戰爭以來的亞洲難題——高橋英彥……一八四
從不爲人知的獲得外幣的主角蝦子，看日印關係——坂本浩輔……一九一
好像三十年前的日本……印度觀光的內情——伊藤　勳……一九九

目　録

印度全圖

佳姆喀什米爾州
喜馬恰爾普拉迪休州
旁遮普州
哈里亞納州
新德里
亞格拉
拉加斯坦州
烏塔爾
普拉迪休州
比哈爾州
西基姆州
阿薩姆州
梅佳拉亞州
納加蘭德州
馬尼普爾州
格加拉特州
馬提亞普拉迪休州
歐里沙州
馬哈拉休特拉州
加爾各達
特里普拉州
孟加拉人民共和國
孟買
普尼
卡爾納塔卡州
安德拉普拉迪休州
西班加爾州
邦加羅爾
馬德拉斯
塔米爾納德州
凱拉拉州
克琴
斯里蘭卡民主社會主義共和國

1
了解印度經濟最前線的智慧

由「零的發現者」的後裔負責的南亞軟體大國

我負責電視節目的企劃與製作的工作，一九九二年時，想要以與以往完全不同的觀點，來製作印度的節目。那是因爲以前關於印度的節目，大都是以文化遺產、傳統社會、貧困問題等爲主題。

我自己專攻經濟，因此，我想知道印度的經濟是如何的改變，想要從以往不受重視的觀點來製作印度的節目，所以開始企劃。經過一年的調查，發現「印度竟然有矽谷，這不是很有趣的事情嗎」。

也就是說，處理電腦軟體的階層，在九億人口當中，是屬於上位階層。六～七億的人口住在農村，一半是過著貧困線以下的生活。而在印度這個國家中，這些處理電腦軟體的人可以算是「新人類」，由此可知，印度也走在變化的最尖端。而這一次，我的方向決定在介紹這些印度中極少數的「新印度人」。

這個節目播出之後，得到極高的收視率，相信有些人看過吧！

在此，我想說明一下「軟體大國——印度」的概要。

印度人是世界上最早想出十進位法的人，也稱爲「零的發現者」，在數學上具有天賦的才能。而其後裔製造出的電腦軟體，現在號稱亞洲最大的出口額，這個「出口額」就是重點所在。

例如亞洲最大的軟體市場是日本，市場接近三兆日幣，但是，日本輸往海外的出口額，只有四百億日幣，非常的少。日本的軟體產業進口額遠超過出口額。在這方面，美國爲第一位，出口額據說爲十兆日幣，技術也是頂尖的。而日本目前是將美國製造出的最新軟體翻譯之後再使用。在亞洲中，輸出軟體的是印度及新加坡。

印度軟體產業生產額的成長率，這五年來成長了五倍，而內輸出接近了七倍。九四年，據說印度全國軟體公司有六百家。

大家經常聽過電腦軟體的說法，大致可以分爲：

(1)　套裝軟體

(2)　訂做軟體

等兩種。我們經常看到套裝軟體，包括文字處理機、表計算或電腦遊戲等的軟體。這些只要將完成品輸入磁碟片中就可以發售。

這一次，節目中報導的印度軟體公司所製造的卻是訂做軟體，像銀行的線上系統等，必須事先訂做。這時，一個軟體必須有幾十個人組成小組來製作，較短的話三個月、半年，通常需要一、二年的時間才能製作完成。

所以，由印度派遣人才到大公司的訂做軟體團體，這就是他們的生意。所製造的不是軟體本身，而是軟體技術者的人才輸出，成長非常地快。另一方面，也可以獨立成某範圍的專家，在印度國內，也有新的投機事業出現。

他們在印度製造的軟體，使用通信衛星輸出。在印度南部，德干高原有一個城鎮叫邦加羅爾，這裡現在稱為印度的矽谷。使用直徑十公尺的巨大拋物面天線與通信衛星，在世界各地遍布情報網路。

這裡現在有超過一百家的電腦軟體公司，製作適合歐美企業的財務資料管理等的軟體，而做完成的軟體利用通信回線，可以傳送到世界各地。

例如美國大型軟體企業，一部份希望能夠降低成本，因此，由印度城鎮的工廠來接受他們的生意。

印度製造軟體，透過情報通信網傳送出來。例如美國軟體公司說「希望明天以前能製造出來」，而美國的夜間在印度是白天，因此，第二天早上就能夠送達。這就是國際分業體制的實際情況。

那麼，爲什麼在印度可以形成「軟體產業」呢？我問過很多的人。我想，其中一個原因就是，印度人的素質極佳。先前敘述過，發現零的是印度人，印度被稱爲哲學國，而軟體本身就是一種抽象的所謂的形而上的世界。因此，比較適合印度人吧！

另外一點，就是與日本的團體主義完全相反的，個人主義國家的性格吧！也就是說，如果在著重團隊精神的公司裡工作，對於自我主張強烈的印度人而言，並不適合。但相反的，這種個性卻適合用來開發電腦軟體，因爲，電腦軟體是在個人的腦海中，獨立分業完成的。

這次取材的過程中，遇到一個人，他告訴我，印度人和日本人的思考方法完全不同的例子。

發現某個問題時，日本的設計師會將先前的資料，全部都過濾調查，找出對策來。而印度人用自己的頭腦思考，只用自己的想法來做，即使三分之二想錯了，但是，三分之一卻產生「咦！可能可以採用這個方法」的想法。在軟體的世界中，只要能產生三分之一的新東西，就能夠成爲新生意。

此外，軟體產業具有輸出的即戰力。即使投資設備較少也無妨。只要有電，有比較優秀的個人電腦，就能夠完成了。

如果想要利用工廠來製造東西的話，那麼，我告訴你，印度停電較多，而且道路、鐵路等，基本設備並不完善。而軟體方面，優秀人才濟濟，關稅較低。同時從美國導入稱爲工作站的電腦，光是這些就足夠了。

人才非常的豐富，有將近九億的人口，學校的教育非常完善，短期大學以上的教育機構有四百萬名學生就讀。以絕對數而言，比中國和日本更多。印度可以說是僅次於美國、俄羅斯的技術頭腦大國，可以說是許多沉睡人才的寶庫。

最近設立許多電腦專門學校，也曾到孟買的一個學校搜集資料，而印度最大的專門學校，聚集了來自全國將近一萬名的學生。其中包括在大學就學的學生或者是失業中高學歷的學生，或有錢的太太等。

印度人基本上喜歡這方面的知識。聽說進入與警察有關的個人電腦系統時，四、五十歲的人會很高興的去接觸鍵盤，很多人喜歡導入個人電腦。

此外，英語人口較多也是它的強大力量之一。會說英文的人據說有三千萬人。日本持續軟體赤色的理由之一就是，英語人口較少。例如在美國最新軟體，日本的設計師很難使用。而在印度的話，只要用英語就可以直接使用了。例如九三年，發售「視窗」時，要等待日語版的視窗出現，需要花半年的時間，在印度就不需要這麼做了。

例如，某個銀行打算建立線上系統，對於「經理的系統是這樣的，帳簿要這樣子，而要以這種形狀出現在畫面上」的要求，包括細微處在內，能夠用英語立刻進行。

印度的軟體產業，因爲這個理由而急速成長，今後將繼續備受矚目。我在這一次的取材時，將焦點集中在最大的財閥「塔塔集團的軟體公司（TCS）」上。

TCS公司九三年的營業額約八十億日幣，其中七十億日幣是出口的。而這個營業額在亞洲軟體企業上，號稱第一位。品質方面，絕對不亞於歐美企業。

最近，以十五億日幣的價格承包瑞士證券公司的國際交易系統。事實上，當時曾經與美國的著名公司競爭，而用比其更高的價格承包下來。軟體如果不拿出成品來，根本不了解它的好處；如果不能累積實績的話，沒有辦法承包大型的計畫。所以，也包括了信用商業在內。也就是說，TCS公司這十年來的工作表現得到了認同。

支撐其急速成長的，就是TCS公司董事長法基爾・科里，他已經七十多歲了。當我們去搜集資料的時候，美國一家雜誌社正在與他們商量，是否可以為他們設計系統。當時，他坐在椅子上，回頭看著我時，那充滿自信的魅力，令我印象深刻。在實力、戰略上都深獲好評，可眞是印度軟體產業之父。

公司職員三千五百人，其中三千人是技術者，以數字來看，不亞於日本大型企業的人數。日本的軟體公司有三千人以上的設計師的，只有二、三家而已。而三千人中，大半都是碩士，學歷非常的高。

TCS公司有很多的職員派駐到海外，當然，薪水的差距也非常的明顯。在印度國內的薪水只有美國的十分之一，因此，希望能夠到美國工作或者是調職的職員絡繹不絕。這不僅是TCS公司，可以說是整個印度都有頭腦流出現象的煩惱。

反過來說，美國的高科技產業中，有很多的印度技術者，在美國西岸詢問日本軟體公司的人，發現半導體設計的範圍有很多的印度技術者。而IBM的研究所，一半是中國人，有的人說是印度人。也就是說，在ＩＢＭ的研究所中，中國人和印度人居多。

ＴＣＳ公司現在在美國打官司，原因是加州的人權團體，正式名稱是California Population Stabilization，這個團體認爲，加州的移民不能夠再增加了。認爲由外國流入的移民，對於治安和經濟狀態會造成不良影響。雖說是人權團體，還不如說是推動緊縮海外移民運動的團體。訴訟原因則是「印度技術者大量來到加州，奪走當地軟體設計師的工作」。

也許有的人會認爲「那麼，只要利用在印度製造的通信衛星傳送就可以了，就不會引起無端的摩擦」。但是，對公司而言，何者比較賺錢呢？當然，輸出人才比較有利。印度的薪資爲美國的十分之一，成本低廉，具有競爭力。

但是，就利益而言，整體的派比較小。而現在在海外工作，有實力的技術者增加了，能夠得到公司的信賴，在印度國內，也能夠負擔吃重的工作。因此，國內絕對不朝著利用廉價衛星來銷售的方向前進。

當然，印度方面也不希望一直都承包訂做軟體，希望也能夠進駐套裝軟體的部門。

要製造套裝軟體的軟體必要的資質，並不是由高等數學訓練培養的。需要從孩提時代開始敲打鍵盤，與畫面親近。製造一個簡單明瞭、容易使用的軟體。在這一方面，目前還趕不上美國，不過，最近印度也出現了導入個人電腦教學的小學。

當然，就印度而言，這只不過是一小部份，但是，以其素質和人口而言，也許十年、二十年以後，能夠展現相當強大的力量。

渡邊一巧

一九六〇年出生於日本靜岡縣。一九八六年進入NHK。一九九四年為製作特別節目而到印度各地取材。現在，擔任NHK社會情報節目部製作人。

打開「承包壟斷」狀態是印度汽車產業發展的關鍵

我在一九四六年出生於日本廣島。最初在三菱重工業總公司工作，後來，又移到三菱汽車銷售、三菱汽車工業。八〇年開始，到三菱汽車工業海外本部工作，持續八年，從事與澳洲有關的工作。後來兩年住在韓國，九〇～九二年，住在印度的新德里。現在在東南亞國家聯盟部，負責處理東南亞國家聯盟六國的事務工作。

印度有三菱汽車與三菱商事的合併企業——艾夏汽車。我曾在那裡服務兩年，擔任董事顧問，成爲日本與印度的橋樑，負責印度製品輸出到海外的協調工作。大半是市場銷售的工作，遍訪印度各地，最後在九二年，在國內出差十五次左右，來回奔波於印度各主要都市。

在進入本題之前，首先要說明一下印度汽車產業的規模。

九一年印度汽車生產量數爲三十四萬輛，九二年降低爲三十三萬輛。而中國九一年爲七十萬輛，九二年爲一百零八萬輛。印度的生產量數爲日本的四十分之一。

特徵就是，印度的自用車和商用車的生產量各半。日本自用車爲三，商用車爲一。日本在九二年的一年內，生產了一千二百萬輛以上的車子，過去十四年來，持續世界第一位的生產輛數。

印度新車的登錄輛數，九一年爲三十四萬輛，九二年三十三萬輛。而中國的成長速度驚人。日本九一年爲七百五十萬輛，九二年爲七百萬輛弱。日本的輸出輛數很多，國內新車的登錄輛數與生產輛數相比，數學非常的低。

保有輛數與日本輛數相比，非常的低。在印度爲四六七萬輛，中國六一一萬輛（九一年），日本爲五九九一萬輛。擁有一輛車的人數，日本爲二人中有一人擁有一輛，在印度則是一九〇人才有一輛。國民所得之間的差距非常大。

印度汽車產業的特徵就是，自用車的鈴木公司商用車的塔塔（TELCO）兩間公司佔了三分之二的市場，可說是一種壟斷狀態。

鈴木公司是八一年成立的新公司，但是，其他汽車公司則是與海外進行技術合作，生產某種車種，以後，持續好幾年都持續生產同樣的車種。例如一種叫做安巴沙達的車，三十多年都沒有更換新的款式，就可以知道他們不具有更換變化的習慣。

此外，國產化率較高也是特徵之一。我的合併企業製造卡車，國產化率超過百分之九十。當地的廠商，受到非常嚴密的保護。反過來說，即使品質有問題，因為只在印度國內銷售，因此，能夠持續操業活動。價格低廉，但品質有問題。

由於承包企業數目較少，同樣是承包企業，可以供給複數汽車的廠商使用。生產制動鼓的承包企業，只有二～三家。一旦一家罷工時，則是多數的生產都停止了。

印度主要汽車廠共有十四家，而大都集中於新德里、孟買、馬德拉斯等都市。以前東部的加爾各達有汽車產業，但是，因為工會問題等工廠關閉，生產據點移動到孟買和印度中央的印德爾等地。

我所在的艾夏汽車是在印德爾隔壁的皮坦普爾，距離新德里南方約五百公里的據點，就在德干高原的正中央。

在印度計畫將印德爾變成印度的底特律，邀請四家汽車公司進駐此處。而條件則是能夠提供廉價的土地，確保廉價的勞動力，而且還有稅制方面的優惠等。具體而言，補助百分之十的資金、補助百分之五的消費電力、減免營業額、補助薪資等。生產開始後，可以享受五～十年的優惠。

距離我們工廠約一千公里的馬德拉斯，邦加羅爾及邁索爾，有很多的承包零件廠。直線距離一千公里，但是，實際道路距離是一千七百公里，也就是說，距離很遠。若用卡車輸送的話，需要花五天的時間，此外，因爲橫跨四州，所以，要徵收通勤稅等，光是集中零件需要相當龐大的勞動力。前述的零件廠很少，因此，不得不依賴這些廠商。

來探討一下實際支援工業的狀況。

先前說過好幾次，企業數目較少，因此，競爭不成立。多半是半獨佔的企業。每年上漲攻勢爲百分之二十～三十。如果不配合上漲的話，則停止零件的供給，因此，汽車廠就算品質稍差，也不得不找尋第二家公司，從事生產活動。

在印度製造的零件，外觀上看起來，和日本製的零件相同。但是，檢查耐久性、加工精度、製品的瑕疵等，就會發現，遠不及日本、歐美。具有競爭力的廠商非常的少，但是，艾夏汽車將印度製的品質精良的一些零件輸出到鄰近諸國，而且連日本生產的車輛也使用。年間輸往日本的額度達數億日幣。

但是，問題在於沒有充分品質管理體制。必須依賴熟練勞工的感覺及工作者自行判斷來出貨，也就是說，沒有等到充分的檢查就出貨，所以，必須由發包者在生產線上進行檢查。

此外，勞工技術會移往條件比較好的公司，無法固定下來，因此，沒有辦法累積技術。在日本，利用ＯＪＴ接受了實地研修，回去之後，也不會將自己學會的技術傳給同事們，而這些人雖然擁有技術，卻不能夠累積整個公司的技術。

此外，不知道是不是受到種姓制度的影響，並沒有整理、整頓、清潔的習慣，無法接受早上做體操、戴鋼盔、打卡、在大餐廳用餐的日本勞動習慣。因此，很多人認爲，鈴木汽車成功的背景就是，給予全勤獎制度。

在技術面，每一位技術者的水準極高，但是，並沒有如日本的Bottom up方式。在印度，是典型的Top Down方式。吩咐的事情他做，但是，其他的事情卻不做。這就是一般的企業習性。

在品質管理方面，不管哪一家公司，都會由歐美購買昂貴的檢查設備、器具等，的確會加以活用，但是，如何解析、應用比較好，卻無法了解。顧客本身會認爲「哎呀！不管便宜也好、品質不良也好，壞了以後，修了就可以了嘛」，因此，無法提升品質。在街上，會販賣盜版的零件，很多人認爲，與其購買日本製的高級純正零件，還不如購買盜版品比較好。所以，盜版品非常的盛行。

中國及印度三十多年來，一直被稱爲是「大市場」。人口很多、潛力很大，但是，關於汽車產業方面，與日本的企業風土不同。在本世紀，可能不會出現飛躍的發展。中國有中華思想，印度也有印度獨善主義，因此，不接受日本人的忠告。

阻礙日本企業進駐印度的另外一個原因就在於，印度政府的政策不具有一貫性。國產廠商的保護、對外國企業的各種限制（許認可制度的複雜，不利於外國企業的稅制、政令執行不徹底）等等。在這種狀況下，要從事新的事業計畫，無法得到長期的展望。也就是說，沒有辦法訂立利益計畫。

最後，就是關於印度汽車產業的展望，日本汽車廠商共同的見解就是「維持現狀吧！」不可能繼續擴大，只能夠維持現狀。

接下來的幾年內，採用Wait and see的方針。進入二十一世紀以後，印度的經濟確認「離陸」之後再進行投資或擴大投資。

在現狀上，新的投資危機比回收更大，不過，印度經濟在那拉席姆哈．拉爾政權之後，漸趨穩定。再加上盧比貶值，在價格面，印度製品也出現了國際競爭力。因此，可以當成零件的輸出基地。尤其日本討厭的三K（危險、骯髒、困難），再加上二K（臭、黑暗）的五K製品製造範圍方面，印度備受矚目。

關於印度的汽車產業，目前並沒有光明的跡象出現。但是，印度有八億六千萬人口，其中百分之十是中產階級。也就是說，存在著八千六百萬的中產階級，與日本中產企業的規模相同。先前叙述過，汽車數目只有日本的四十分之一，所以，今後還是有成長的潛力。

吉見　文男

一九四六年出生於日本廣島。一九六九年畢業於關西學院大學。曾在三菱重工業、三菱汽車銷售公司工作。一九八〇年，進入三菱汽車工業。現在，為同公司第三海外事業本部東南亞國家聯盟部次長。從一九九〇年開始，到九二年的兩年內，住在德里。

已經無法後退的經濟、金融改革的發展

我在一九九一年五月六日到達印度。當時新德里眞的很熱，攝氏四十五度吧。在這個時候參加很多的宴會。

當時印度經濟出現危機，因爲外幣危機而在不知道明天是什麼狀況的情形之下，四月開始進行總選舉。在我到達的兩週後，五月二十一日，希望捲土重來的國民會議派黨魁前總理拉吉夫．甘地遇刺，不論政治或社會都陷入大混亂中。

但是，出乎意料之外的是，這一次的混亂，不像他的母親英迪拉．甘地總理，在一九八五年十月被暗殺時，那麼混亂。

另一方面，外匯存底變得更爲拮据，當時印度的進口額只有兩週份，也就是十億美元。即使在任何情況下出現不履行債務的現象，都沒什麼奇怪的，的確是非常的艱辛。

現在，印度最大的國營銀行ＳＢＩ（State Bank of India）的紐約分行，曾經發生暫時延遲支付外幣的情形——狀況非常的嚴重。

在混亂中，選舉結果雖然國民會議派沒有過半數，但是還是第一黨。六月二十日成立現任總理那拉席姆哈．拉爾的政權。拉爾原本是英迪拉．甘地、拉吉夫．甘地等尼爾王朝中擔任閣僚，具有老練政治手腕的人。九一年當時，原本打算退休，但是，在非常事態中，卻被拉出來擔任總理的職務。

僅僅一個月後，他就很快發表了經濟改革政策。

具體而言，就是七月一、三日這兩天，合計進行百分之二十幾的盧比貶值的行動。而新的貿易政策指針，在七月二十四日，成爲新產業政策發表出來。

這個「新產業政策」的一大特徵就是，給予外資過半數。

大家也知道，印度長期接受英國的統治，因此，對於外資相當的敏感，只承認外資達到百分之四十爲止。但是，很明顯的，持續這種做法，使得印度陷入外幣危機。因此，僅限於三十四業種給予外資自動認可到百分之五十一的優惠措施推出來了。

而軟體部門及商社也成爲對象之一，事實上，擁有三十六業種。

百分之五十一，雖然過半數只有百分之一，但是，對印度而言，就好像從淸水的舞台一躍而下的決定。

那麼，百分之五十一以上，三十六業種以外，是否其他外資都不可以呢？關於這一點，也以很印度化的方式處理。也就是說，並不是「沒有寫的完全不可以」，而是「沒有寫的部分還可以討論」。

實際做法則是各相關省廳的次官級構成意思決定機構，設置外國投資促進委員會（Foreign Investment Promotion Board）超過自動認可的範圍，在此處商量。如此一來，其他業種也可以經過個別審查，使得外資比率可以達到百分之百。與其說是印度化的處理方式，還不如說是英國式的實用主義。

到了九四年四月，外資比率百分之八十的銷售公司取得了執照，這意味著雙重意義。也就是說，外資的導入達到百分之八十，以及印度政府的許可、銷售公司的成立。以往，只有銷售網方面不承認外資企業，但是，現在已經加以承認了（後來Sony取得百分之百製造販賣之當地法人的許可）。

那拉席姆哈・拉爾總理

再回到經濟改革的話題。

九一年七月時，對於是否眞的推動經濟改革感到非常不滿。但是，在七月盧比貶値之後，盧比自由化的市場交易制度，開始進行。

以往，外幣必須百分之百由中央銀行來販賣，爲外幣集中制度。但是，九二年二月末的預算案中，決定爲六比四。也就是說，中央銀行能處理的只有四成而已。

印度人會使用巧妙的語言來稱呼其爲盧比的交換性（Partial convertibility）付與。但實際上，什麼都不是，只是盧比貶値了百分之十。而印度人卻不說「貶値」，的確是非常聰明的做法。

以這樣的形態，關於外幣方面，的確是造成了外幣自由化。而在歷年的預算案中，又成六比四變成了百分之百的市場交易制。

但是，這僅止於貿易交易而已。普通交易或資本交易目前還受到許多的限制，因此，大家不要誤以爲是眞正的交換性付與；我將其稱爲完全市場交易制或者是單一市場交易制。

此外，還推出了各種的政策。例如：將以往非常高的進口關稅率及物品稅率都降低了；還有利息、存款準備率也降低了。

談到關於金融方面的話題，我想爲各位探討一下的是，印度到底進行何種金融改革。

大家也知道，印度的經濟因爲各種的限制而非常的頑固，不管做什麼都要經過許可，還要花很多的錢，而且，無效率的慣行到處橫行。爲了打破 這些缺點，在金融上，進行了以下五大改革：

首先是，借款財團制度的緩和。

也就是，如果貸出了一定額以上的金錢時，沒有複數的銀行不能夠貸出的制度。在改革前，只適用於總借貸額五千萬盧比以上。要加入這個借款財團非常的麻煩，而要離開也非常麻煩，因爲它具有非常複雜的構造。

在九三年十月時，這個額度一舉提高爲五億盧比。看起來好像是大幅度增額，但是，以設定五千萬盧比額當時的匯率來考慮的話，即使增加十倍也沒什麼奇怪。參加後，經過兩年就能夠自動脫離，所以，這是「原則」，可是很多人不知道。

第二是緩和優先貸款企業的貸出義務。

這是必須優先對於農業、中小企業等進行融資的規定。

改革前，印度銀行總融資額的百分之四十，外國銀行的百分之十五，要優先貸款給這些企業。如果不滿這個比率的話，則會受到處罰。

但是，九三年十月，連間接農業範圍的融資都計算到四分之一爲止；或是外國銀行出口金融和優先貸款合計百分之三十二以上的話，則優先貸款僅止於百分之十。規定緩和了一些，但是，制度依然殘留著，因此，對於外國銀行而言，還是很難實施的制度。

第三就是存款準備率的降低。

在印度，這個數字也非常的高。通常不管在哪一個國家，如果是先進國家的話，可能是百分之幾。而且，眞正的界限準備率是由中央銀行來操作。而印度在改革前，證券累積金的百分之三十八．五，現金百分之十五，總計百分之五十三．五，必須要存在中央銀行。

這意味著什麼呢？即如果從客人那兒得到一百元存款，五十三．三元要交給中央銀行，而剩下的幾成用作優先貸款之用。因此，所收集的資金只有三成能夠進行對於顧客的融資。當然，資金成本較高，就會反映在貸款的利息上，所以，是不合效率的做法。

再這樣下去的話，情況愈演愈烈，因此，到九六年爲止，提出證券準備率下降到百分之二十五，現金百分之十，總計百分之三十五。按照這項原則，慢慢開始下降。

貸款利息的演變

	93年				94年			95年	
	6月	8月	9月	10月	8月	9月	10月	2月	4月
	-	37.50	37.25	34.75	-	33.50	31.50	-	-
	-	-	-	-	15.0	-	-	-	-
	16.0	-	15.0	-	-	-	14.0*	15.0*	15.5*
	-	-	10.0	-	-	-	-	11.0	12.0

根據九四年十月十七日所發表的中央銀行對商業銀行的方針中，顯示證券有百分之三十一・五、現金百分之十五，總計百分之四十六・五，依然是較高的準備率，有待改善。

第四是，對於中長期貸款限制的緩和。

印度對於中長期貸款，原則上是由政府的金融機構來管理。商業銀行負責短期金融、貿易金融。但是，比較例外就是中長期貸款額的百分之二十五，只能夠到達五千萬盧比的上限。這是改革前的指導方針。

這部分進行各種的改革，商業銀行的中長期貸款可以到達二十億盧比。到九四年十月時，許可到五十億盧比爲止。也形成了我們進駐中長期範圍的制度的背景。

但是，我要說的是「籌措資金」的問題。雖

表1　存款準備率

月末值	1991年		92年		93年			
	7月	10月	3月	10月	2月	3月	4月	5月
存款準備率								
證券累積	38.50	-	-	-	38.00	37.75	-	-
現金累積	15.0	-	-	-	-	-	14.5	14.0
規定利息利率								
最低借貸利息	18.5	20.0	19.0	18.0	-	17.0	-	-
最高借貸利息	13.0	-	-	12.0	-	11.0	-	-

（＊）印度國立銀行（SBI）的優惠利率（1994年10月以後，廢止超過20萬盧比的最低貸款利息）

出處：印度準備銀行「Reserve Bank of India Bulletin」各號。

然貸出資金者年限延長，但貸款者短期內必須背負利息的風險，關於籌措資金方面的制度並不完善，如果你願意背負利息風險的話，可以貸款到五十億盧比爲止。

第五就是利息的自由化。

這和日本相同，在九四年十月十七日開始，包括普通存款在內，成爲完全自由的利息。印度則決定了最低貸款利息及最高存款利息。

改革前，最低存款利息爲百分之十八・五，開始改革不久之後，考慮到通貨膨脹的問題，提高百分之二十左右，而現在則降低到百分之十四爲止。最高存款利息改革前爲百分之十三，而現在則降低爲百分之十。

根據我們的感覺，認爲依然很高。尤其九四年十月發表的銀行方針中，包含了非常劃時代的內容。

即方針中指出，今後沒有最低貸出利息的「下限」。關於二十萬盧比以上的高額貸款與日本相同。各銀行自由的設定優惠利率，這的確是劃時代的做法。

其次，我想探討一下關於金融、經濟改革的成果。

第一點，就是經濟成長率的恢復。九一～九二年的混亂時期，成長率當然很低，但是後來逐漸恢復。

要附帶說明的就是，印度在雨季時不下雨可就糟糕了。農業比重增高，一旦旱災時，糧食缺乏，八七年就曾經如此。所幸自從進行經濟改革以來，只出現局部的旱災，整體而言，持續順調的氣象。

第二點就是，國際收支的改善及外匯存底的提高。

當然，這是印度改革契機的最大重點。先前敘述過，出口非常順利，直接投資、證券投資增加。現在，外匯存底已經達到一百七十五億美元。有一陣子曾經降低爲十億美元，二～三年來，竟然能夠提高到如此的地步，的確堪稱爲奇蹟。

這當中也包括了我所說的「熱錢」流入，因此，必須要加以計算一下。不過，光是現金就有超過一百億美元的外幣，也就是外幣危機已經遠離。

表2　印度宏觀經濟指標演變

	1989－90	1990－91	1991－92	1192－93	1993－94	1994－95年（速報）
GDP成長率(%)	5.8	5.6	1.1	4.3	4.3	52.3
農業生産成長率(%)	2.2	3.3	－2.0	3.6	2.9	3.9
工礦業生産成長率(%)	8.6	8.2	0.6	2.3	4.1	7.0
財政赤字的GDP比率(%)	7.8	8.4	5.9	5.7	7.7	6.7
貨幣供給量(%)	20.2	15.1	19.3	15.7	18.2	21.4
批發物價上升率(%)	7.4	10.3	13.7	10.0	8.4	11.0
消費者物價上升率(%)	4.2	11.6	13.5	9.6	7.5	10.0
貿易收支(10億美元)	－4.65	－5.93	－1.58	－3.34	－1.04	－2.03
經常收支(10億美元) (對GDP比率,%)	－6.84 (－2.5)	－9.68 (－2.6)	－2.14 (－1.0)	－3.60 (－1.5)	－0.32 (－0.1)	－1.50 (－0.5)
外匯存底 (除掉金,SDR,10億美元)	3.37	2.24	5.63	6.43	15.07	20.96
對外債務 (除去軍事部分,10億美元)	N.A.	68.32	74.50	79.12	80.69	83.16
償債比率(%)	25.1	25.2	25.0	25.7	23.0	25.3

出處：CENTRE FOR MONITORING INDIAN ECONOMY, APRIL 1955.

表3　對印直接投資許可實績演變

單位：億盧比，內爲件數

	1991年	1992年	1993年	1994年	合　計
美　國	17.5(54)	123.2(155)	346.2(151)	348.8(179)	835.7(539)
英　國	3.1(38)	11.8(74)	62.6(80)	129.9(97)	207.1(289)
德　國	3.7(35)	8.6(81)	17.6(75)	56.9(96)	86.8(287)
日　本	5.2(15)	61.0(45)	25.7(26)	40.1(45)	132.0(131)
義大利	1.8(22)	8.9(22)	11.7(26)	39.1(43)	61.5(113)
荷　蘭	5.6(25)	9.7(23)	32.2(26)	20.7(57)	68.2(131)
韓　國	0.6(5)	3.9(27)	2.9(21)	10.7(25)	18.1(78)
法　國	1.9(11)	3.0(20)	12.9(19)	9.0(34)	26.8(84)
U A E	N.A.	0.6(5)	40.4(5)	5.1(7)	46.1(17)
瑞　士	3.6(10)	69.0(37)	42.7(34)	4.8(29)	120.1(110)
安　曼	N.A.	0.0(0)	54.3(3)	1.7(2)	56.0(5)
泰　國	N.A.	0.3(4)	36.8(4)	1.0(10)	38.1(18)
在外印度人	N.A.	43.9(49)	104.3(127)	49.1(168)	197.3(344)
其　他	8.7(74)	44.9(149)	95.9(169)	178.8(248)	328.3(640)
合　計	51.7(289)	388.8(691)	885.9(766)	895.7(1,040)	2,222.1(2,786)

出處：印度投資中心，N.A.是指包括在其他項目內。

表4　外資流入型態

單位：百萬美元

年度	1991年	92	93	94*
直接投資	150	341	620	756
政府承認	87	238	315	380
中央銀行自動認可	–	42	89	81
非居住者印度人	63	61	217	295
證券投資	8	92	3,493	3,141
歐洲調整（GDR）	–	86	1,463	1,726
證券投資（FII）	–	1	1,665	1,195
海外基金、其他	8	5	365	220
投資額合計	158	433	4,113	3,897

（＊）4～12月

出處：印度政府「Economic Survey（1994－95）」

直接投資穩定的進行（現在美國最爲活絡），維持穩定的外幣保有狀況。

開始改革以後，大家都覺得不安，不知道印度的改革是不是能夠順利進行。害怕一方面謳歌自由化，一方面又走回以前的老路。而這一次的經濟改革，印度政府說「不能夠後退了」，我想，眞是如此。

爲什麼呢？因爲現在和以前的國際環境不同了。最大的盟友蘇聯被消滅了。俄羅斯本身拚命努力進行經濟營運。印度必須要自立才行。

另外一個衝擊就是，中國的經濟改革。中國十五年前開始改革，經過幾番迂迴曲折，而且又引起了天安門事件等。從九二年開始，海外的投資進駐中國。

對印度而言，這具有極深切的意義。

首先，在印度人腦海中浮現的就是，一九六二年的中印紛爭。當時，在世界上最受尊敬的尼爾，因爲這一場紛爭而失去了國內外的信用。所以，一旦中國有了經濟力，對印度而言，的確是一大威脅。

備感威脅的不只是印度而已，東南亞諸國也有同樣的威脅感，因此，與印度急速接近。例如，共同進行軍事演習，在各方面，加強與印度的結合，包括對中國軍事方面的意志力在內，開始重視印度。

此外，與中國國境直接相連的印度本身，還沒有辦法定出中印紛爭最後的國境線，所以不能再像以往一樣，關閉國門，成爲「人口衆多、土地廣大、貧窮的國家」，所以，印度這一次的經濟改革絕不能失敗。

因此，我們能夠了解到，美國趁機進入在軍事及外交上還算是空白的這個地區的動機了。以印度的觀點來看，被美國愚弄會讓人聯想起以前被英國統給的時代。因此，印度的對抗馬，今後値得注意的將是日本、歐洲各國，尤其是德國。

以日本的立場而言，對日印雙方來說，最不幸的就是，印度在開始實行經濟改革的九一年，日本進入不景氣的狀況中，沒有辦法進駐海外，也無暇考慮印度的事情，這就是當時企業的立場。但是，現在情況已經完全改變了。

來自日本的投資例子，最成功的就是，從十多年前進駐印度的鈴木汽車。主要生產八百～一千CC的輕型自用車，九三年度十六萬輛，九四年度爲十五～二十萬輛。此外，玻璃製造方面，也具有悠久的歷史。四十多年前，在印度東部設置玻璃工廠，後來，配合鈴木汽車在新德里近郊，進行汽車用安全玻璃的製造。現在，在新德里與孟買之間，建設平板玻璃工廠。

經濟改革後，富士通在旁遮普州製造局用的電話交換機。此外，本田技研製造機車、小型摩托車、手提發電機。另外，報導指出，印度產的小型發電機已經在日本銷售了。如果印度能夠提高技術力的話，甚至能夠對日出口，由此可知，它的技術不斷地提升。

我認爲，經濟改革的成果超出意料之外，原因有很多。但是，很明顯的，印度本身具有能夠發展的條件，只是以往的體制和狀況，並沒有加以運用而已。

此外，經濟部長曼莫漢辛的力量也很大。這個人不是政治家，是學者、官僚，但是，他不在意政治的權力，一直朝向經濟改革之路邁進。甚至有人開玩笑的說，拉爾總理最好的政策就是延攬曼莫漢辛擔任經濟部長。似乎也意味著，除此之外，沒有其他好的時機。

但是，在印度還留有很大的課題。持續四十多年來封閉的社會，僅僅幾年不可能一切都改善（此外，看俄羅斯等的例子，太過於急切反而不好……）。

財政赤字並不如原先所預料的減少很多，通貨膨脹一直持續在二位數的狀態下，對外債務除了軍事債務以外，超過八百億美元，是不亞於中南美各國的高債務國，一定要努力加以削減才行。同時，也必須要更進一步的緩和規定。每年增加百分之二（與馬來西亞、澳洲的總人口大致相同，約一千八百萬人）的人口，應該如何處理，是今後有待解決的問題。

印度在第二次世界大戰之後，即將觸角伸向日本，銷售棉花和鐵礦石。在這些方面是非常重要的國家，但是，兩者之間的關係，逐漸疏遠。貿易量的相對比例降低。此外，對印度的投資額比率也不是主要的重點。

經濟部長　曼莫漢辛

但是，印度自從幾年前開始改革之後，現在從印度到西方世界或非洲，印度人都有執經濟牛耳的地區，如果技術轉移順暢的話，不只是國內市場也可以出口。目前已經有些地方展現這一類的實績了。雖然有各種的阻礙，但是，超越阻礙，包括日印間的經濟交流、文化交流在內，不斷地發展，我相信，這個時代一定會到來的。

宇田川　榕一郎

一九九四年七月出生於中國哈爾濱。一九六七年畢業於東京大學法學部，四月進入東京銀行。曾在海外服務（一九七五年荷蘭東銀、一九八三年新加坡分行，一九九一年新德里分行經理）。一九九四年七月擔任金融法人部長。

印度期待「穩當的」企業進駐

今天，我以自己住在日本的體驗爲背景，訴說印度三十年來的變化及今後的印度。

我第一次住在印度是在一九六四～六七年，當時住在加爾各達。六四年時，正好遇到尼爾總理死亡，印度和中國因爲國境紛爭，遭遇大敗，喪失了在第二次世界大戰以後所維持的代表第三世界外交的主導權。「偉大印度」的時代結束了。

當時，正是日本掀起奧運旋風的時期。其時，日本的經濟界認爲印度是日本出口機械設備的重要市場。印度許多的發電廠和肥料工廠的建設，都由日本企業進駐。鐵礦山的開發、機械化等也由日本來進行。我也是因爲這一連串的計畫而被派遣到印度去。

第二次住在日本是在八九年～九三年。對我而言，是闊別了二十五年之後，又來到印度。當時是以統跨西南亞國家的立場而進駐新德里。

日本迎向泡沫經濟全盛期，對於越南、中國的關心度增高，對於印度還來不及關心。而印度在我住在那兒的最初兩年，政治陷入混亂局面，沒有辦法工作。對於必須提升成績的營業員而言，的確是很痛苦的時期。

八九年是拉吉夫．甘地總理最後的時期。從瑞典購買大砲，從德國購買潛水艇，從法國購買空中巴士。而在政府籌措資金時，引發了一連串的醜聞。國會陷入一片議論聲，根本沒有任何進展。

這一年十月，拉吉夫辭去總理的職務。十一月舉行總選舉，國民會議派失去政權。但是，新政權出現內部分裂，一年半內產生四位總理，政治瓦解，進行再選。我覺得再這樣下去，根本無法工作，只好仰天長嘆，借酒消愁。

從九一年春天開始，面臨外幣危機，印度經濟瀕臨瓦解狀態，雖然藉著日本等國際支援，暫時度過難關，但是，政治混亂，對於經濟造成不良影響。

我第二次住在印度後半二年內，發生前總理拉吉夫．甘地遇刺（九一年五月）事件。翌月，國民會議派再次奪回政權寶座。新總理那拉席姆哈．拉爾著手經濟改革，我想，終於能夠平穩的做生意了。

九二年末時，發生了在阿尤迪亞的回教清眞寺被印度教徒破壞的事件。孟買連續發生爆炸事件及劫機事件。國內航空班機駕駛罷工。甚至有一陣子我還擔心沒有辦法回到日本呢！九三年春天，證券業界爆發大醜聞案。

這兩年內，世界各國都快注意到印度經濟的變化，各種問題浮上檯面，印度經濟改革著實進行了。

印度的經濟改革可以「自由化」和「國際化」二點來加以說明。其中，將焦點集中在「國際化」方向，來探討在世界市場中，印度到底應該置於哪一個地位時，有一些必須注意的要點以及優點要列舉出來。

首先必須注意的就是，在印度存在著民主主義政治體制。

印度政治在尼爾總理死後，持續不穩定，但是，事實上，草根性的政治安定度仍然非常的高。

有權者數量在九一年五月，當時為五億一六五八萬人，衆議院的選舉區有五四四處。進行總選舉，由國民的意思進行政權交替的系統仍然存在，而且實際發揮了機能。例如，與中國相比的話，印度的民主主義的確意味著「具有草根性穩定的政治」。

八九年十一月，雖然形成非國會政權，但是，當時投票率為百分之六十一・九。

亦即三億以上的人，實際上到投票所去投票。印度人可以說是實現「世界最大的民主主義」。

接下來要列舉的就是英語的普及率非常的高。此外，在英國的統治影響之下，商業世界有根深蒂固的會計制度，亦即對我們而言，在做生意上擁有共通的衡量尺度。而且也應該注意到，印度是已經存在產業基礎的國家。

九一年度的粗鋼生產量爲一三八〇萬噸，九二年度爲一七一六萬噸，九三年度爲一六七四萬噸。汽車生產量九二年度二輪、三輪車總計一五七萬輛，九三年度爲一八六萬輛。四輪車包括卡車、自用車在內，九二年度爲三十三萬輛，九三年爲四十萬輛。也就是說，建立這些物資的產業基礎在印度已經存在了。

姑且不論好壞，事實上，如果願意的話，他們也可以製造核子彈或者是擁有獨自開發的尖端技術，能夠讓飛彈飛行。

擁有豐富的人材，在電腦軟體的開發上，印度的水準已經得到世界的認同。一般的產業勞動者，尤其在工廠工作的技術者，水準極高，而且人事費用便宜，這是值得注意的一點。實際上，雇用印度人當部下的日本人，最大公因數的意見則是與東南亞相比，印度人的水準比較高。

表1　對印度的直接投資額

單位：億盧比

年次	認可基礎	實行基礎
1990	13	N.A.
91	53	35
92	389	68
93	886	179
94	1419	297

＊從這一年7月開始經濟自由化
出處：印度工業部

而國內市場非常大，單是人口就有將近九億人。印度家族制度改變，女性和未婚子女出外工作的機會增加，當然收入增加，購買力提升。

根據某個市場調查的數字顯示，將來購買ＶＣＲ的購買層大約為一億人（ＶＣＲ現在約一萬五千～二萬盧比）。購買收錄音機（現在約二千～四千盧比）的約有三億人。

這些優點的象徵性表現，就是來自外國直接投資的動向。到目前為止，到印度的直接投資額，可以從認可基礎、實行基礎兩方面來探討（表１）。

認可基礎、實行基礎每年持續增加，這個數字顯示，諸外國對於印度的信賴度已經恢復了。

認可基礎的數字在自由化開始的九一年單年，及後來直到九四年末為止的累積額，以國別來看（次頁表２）。值得注意的就是，香港、新加坡、韓國、馬來西亞等亞洲諸國逐漸成長。

表2　主要國家對印度的投資額（認可基礎）

單位：億盧比

1991年單年		1991－94年累積	
美國	19	美國	836
荷蘭	6	英國	206
日本	5	日本	131
英國	3	瑞士	121
德國	4	德國	88
瑞士	4	荷蘭	69
香港	2.1	莫里西斯	66
義大利	2	義大利	62
法國	2	澳洲	50
韓國	0.6	UAE	46
澳洲	0.3	新加坡	40
新加坡	0.1	香港	33
UAE	0.2	韓國	18
		馬來西亞	11

出處：印度工業部

韓國、馬來西亞在金額上沒什麼大差距，但是，每年投資案件著實增加了。尤其韓國在孟加拉、斯里蘭卡、巴基斯坦等南亞周邊國，建立以輕工業爲主的據點結束之後，開始努力要在印度紮根。原本就不打算與日本競爭，因此，將目標集中在日本不打算接觸的範圍。也許希望比日本搶先一步壟斷在印度的市場吧！而印度方面，對於韓國產業的實力，也開始以熱情加以認同。

那麼印度對於日本又有什麼期待呢？這是我想探討的重點。關鍵字就是「技術轉移」「投資」「輸出」這三項。

首先談到技術方面，印度的產業界希望能夠導入日本的生產技術，目前日本是否能夠配合印度的期待，而接受日本生產技術的印度，到底能接受到何種程度爲止，還是一大疑問。不過，基本上我認爲日本方面應該要好好的與印度對應。

第二項就是投資。印度企業期待來自外國投資的實質理由有以下三點：

首先，就是希望得到對外支付能夠使用的外幣。籌措成本較高的外幣，在印度國內並不加以處理，因此，只有藉著來自外國合作夥伴的資金，才能夠輸入必要的技術、機械。

另外一點就是，合併事業大多侷限在製品輸出上。爲了振興輸出，印度國內稅制上的優惠措施，已經提高到最大限度。

最後，就是他們要在國內資本市場籌措資金時，如果以日本著名公司爲名就非常有利。即使是新成立的印度公司，只要有名、有實績，藉助其信用力，很容易由起債市場收集資金。即使我們看來「根本不算什麼的公司……」，也能以提高幾倍的溢價達到很好的銷售額。

因此，以心理意義而言，印度企業對於前往日本投資抱持極大的期待。先前敘述過，不單是技術提攜，包括金錢在內，希望能夠培養一個一心同體的公司，使技術在印度穩定發展。

第三點，則是期待日本能成爲印度產品開擴輸出國的管道，不只是輸往日本，同時也希望能提攜客戶的日本企業，能讓出一些世界市場，如此一來，印度企業就能有劃時代的發展。因此，印度企業注意到日本企業的網路，希望能加以活用，以促進對第三國的輸出。

最近，來自日本的直接投資額增加了，但是以案件而言，日本方面大都不是資本提攜，而是提供技術、技術提攜。爲了將技術轉移到印度，有效率地製造產品，因此想在當地紮根，送入技術人員，希望日本的技術能深植於印度企業中。

對任何國家而言都是如此，以心態來說，如果在印度不能成立一家自己的工廠，則很難在日本做事。

部分例外姑且不提，印度的商業界對於日本的期待非常大。但現實問題是，尤其在現場時會「得寸進尺」，任何事情都推給日本方面，這是明顯的事實，也是日本企業討厭印度的理由之一。

但是，我認爲世界上任何一個國家都會出現同樣的情況。對於印度產業的實力要給予正確的評價，爲了日本著想，該如何活用印度，是必須深思的問題。

在印度工作時，深切感覺到印度與日本和歐洲做生意的方式不同。日本有多家公司都在印度紮根，著實提供了力量，但是，很多印度人卻認爲「日本企業以單向通行的方式銷售物品、回收金錢，仍然無法脫離『商業活動』的範圍。」而歐洲企業則是一開始就在當地紮根，展開事業。

歐洲企業的當地代表們，半開玩笑地說：

「日本企業必須暫時在現在的狀況下放任印度不管才對。時間拖得越長，對自己而言更是好的商機。」

也許這其中有一半是眞心話吧！

如果日本就此放棄印度，十年後印度的姿態也許會以歐美的企業文化為基礎，成為工業國，其中也可能有韓國或日本企業，也許會形成這種狀況。

最後是，二十一世紀初期的印度是如何呢？關於這一點，我想以外行人的看法加以探討。

關於社會構造方面，都市型的中產階級會增加很多。亦即會轉型為消費型的社會。這是一道難以阻止的洪流，但是問題在於貧窮層仍然存在，也就是說這種雙重構造仍然會維持下去，而富裕層會不斷增加。

宗教、民族的問題，今後幾十年會持續緊張狀態。政治上仍然持續不穩定政權，但是經過了三千年而培養出來之印度的英明智慧，一定能夠平安地度過每一次的混亂危機。

經濟應該比現在的開放路線更爲進步。在其過程中，導入來自外國的資本、技術，提升印度產業，如此一來就能成爲工業大國，成爲世界的生產供給基地。

今後，世界經濟無可避免地，會形成全球化的經濟。屆時印度對於世界經濟展開全方位外交，在歐洲、亞洲、美國等任何地區都有接點時，則印度洋的地政學位置更會提高，可期待其成爲一個通商國家。

相反地，也有人認爲印度會成爲「受人嫌惡的印度人」，不管在任何地區都無法擁有接點。如果到了這個地步，則印度將會繼北美、EU、東亞之後成爲第四區的中心，也就是「井底之蛙」。

外國投資無法進入，貿易受到限制，將來一片黑暗。如果到時候能夠再度回到「悠久的印度」也不錯，因爲印度本身並不是貧困的——。

對於印度而言，現在是需要下決定的時候。由這一點而言，今後尤須注意印度的經濟外交。

大澤章伸

一九三四年出生於日本埼玉縣。一九五九年畢業於東京外語大學印度語文科。進入日商公司工作，後來一直從事出口設備的工作。一九六四年開始三年內在加爾各達，一九八九年開始四年內停留在新德里。現任日商岩井（株）關係會社代表董事。

日本對於印度的經濟改革發揮了作用

我在一九六二年時首次踏入印度。三十二年來，印度並沒有進步。九一年開始進行經濟改革。以下就這一點從不同的觀點加以探討。

我首先想指出的是，進行經濟改革的不只是印度，印度不得不進行經濟改革，是因爲經濟潮流所趨。

印度的經濟改革，在九一年六月那拉席姆哈・拉爾政權成立，七月發表第一次的經濟自由化政策爲開端，這個政策並不是一個月的貫穿工程就能建立起來的。

自由化政策最初在八〇年代初期，由英迪拉・甘地總理提出，他認爲如果持續維持以往印度的做法，恐怕會被國際社會摒棄門外。事實上，鄧小平、戈巴契夫及英迪拉三位社會主義大國的要人，都有同樣的想法。一旦採取社會主義，在國際競爭中就沒有辦法生存，因此有了中國的開放政策，印度的經濟自由化。

英迪拉·甘地命令官僚們調查到底該怎麼做，結果發現需要經濟自由化及國際化。否則就無法產生以國際市場爲伍的製品。

其次就是該怎麼做才能導入自由化及技術。關於這一點，據說是由他的兒子拉吉夫·甘地擔任總理後才著手進行的。

英迪拉·甘地

拉吉夫·甘地

他立刻著手進行自由化，但是身爲尼爾王朝最後一代的他，沒有辦法親手否定自己的祖父開始建立的社會主義型經濟。無法以新的理念驅動印度，結果只能進行區公所局長以上的辦公室都導入電腦終端機的小幅度改革，以及若干的規定緩和而已。

不幸的是，拉吉夫·甘地被暗殺，政權轉移到拉爾手上。但是他不具有與尼爾王朝的血緣。當時的印度之外匯存底已經跌落到十億美元，陷入窘境。

於是採用財政部長曼莫漢辛，推行自由化

政策。他以往負責自由化、技術導入、國際化、競爭原理導入的研究，三年來展現了明顯的成果。所以印度的自由化政策並非一開始就立刻進行的，而是徹底研究印度的特殊性，經過充分的準備期才開始進行的。

同樣希望與社會主義訣別的蘇聯，推出經濟政策的結果，卻面臨瓦解的命運。中國看似順利發展，但是在中途卻發生了天安門事件。現在還擁有通貨膨脹、地域差距等嚴重的問題。但是印度沒有這些大的內部矛盾，可以說是從社會主義經濟軟著陸到競爭原理的市場經濟。

前些日子，我參加日印調查委員會的集會。席上印度的外務次官做了以下的要求：

「印度因爲以往的內外情況，無法自由地言語、行動，但是今後將由印度自行判斷，致力於國際協調，希望日本能夠幫忙。」

印度以往對於蘇聯的問題、國際問題等沒有辦法自由發言，現在已脫離這些束縛，能夠暢所欲言了，因此，表明了希望在聯合國和日本一起活動的立場。關於外交方面的問題，能直接表明其理念與哲學，深獲日本外務省（外交部）的好評。

以地勢學而言，從原油產地中東到日本，中間隔著麻六甲海峽，在其前方就是印度。麻六甲海峽接貝加爾灣，進入貝加爾灣前面對印度洋，因此，印度可說是掌握貝加爾灣、印度洋及阿拉伯灣等的制海權國家。

考慮日本和中東之間的海上補給線，則印度的制海權將來會成為非常嚴重的問題。所以，我認為日本和印度一定要保持良好的關係才行。

現在日本盛行討論「亞洲或美國」的問題。而日本外交以往一直持續追隨美國的態度。不論在政治面或經濟面，對於日本而言，亞洲諸國尤其中國的重要性就相對提高了。

目前日本企業進駐中國，掀起了旋風。但是，日本過度依賴中國，使得中國人得意洋洋，最後有可能會勒緊日本人的脖子，這時如果還有另外一個立足點印度，則日本的外交戰略會產生很大的變化。

也許有人認為，如果中國危險的話，還有ASEAN或NIES。但是，在印度有「人口」。慢慢產生變化的九億人的市場，以現在的成長率持續增加的話，則到了二〇三〇年時，人口數將會超過中國。如果中國、印度同樣有十四億人以上的市場，而印度與其他地區相比，可能底更深。

現在，日本的各種企業進駐印度。聽說，他們發現印度人靈巧的雙手、技術力、英語能力等，絕對不比他國遜色。

例如，詢問鈴木工廠職長級的人士，印度人學了技術後，在工作上發揮的效率爲日本人的幾成時，結果回答是大約八成五。以同樣的問題詢問三菱汽車工廠，得到的回答是九成五。

邦加羅爾有製造電視IC板，稱爲BPL三陽的公司，詢問那兒的日本人上述問題，他們說絕不亞於日本。那麼，與ASEAN諸國相比又如何呢？結果是印度比較好。

此外，集中力也不同。對公司擁有驕傲之心。像ASEAN諸國是爲了賺錢而到公司去的意識較強，並不因爲自己屬於公司的一員而感到驕傲。

印度人對於日本又有什麼看法呢？我可以說印度和日本非常適合。

日本是亞洲先進國家，具有高度的技術。而且對於印度給予龐大的政府援助，同時不干涉其內政。此外，日本是印度重要的天然資源購買國，將來日本市場可能成爲印度工業製品的市場。

事實上，印度是親日國。

昭和天皇死去時，印度政府服喪三天。在世界各國中出現複數服喪的只有印度和不丹而已。在這段期間內，政府有關的宴會全部取消，這是其他國家絕對不會出現的。

此外，在印度也不會出現如亞洲其他國家偶爾會出現的反日示威遊行。今後日本企業進駐印度，可能會發生很多事情，但是如果能巧妙進駐，則絕對不會發生在泰國、印尼的反日運動。

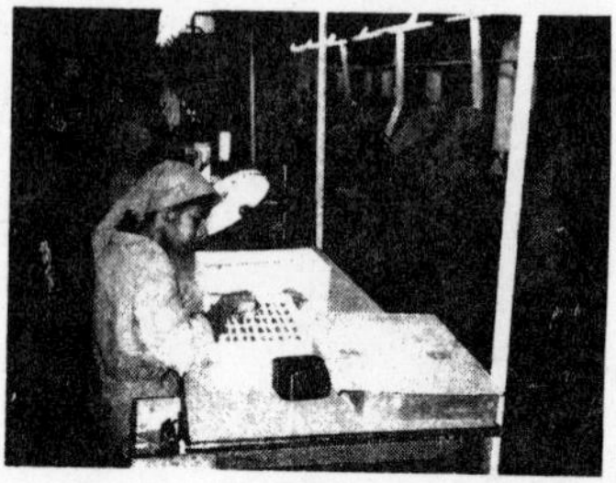

BPL 三陽工廠內

冷戰結束後，也不必擔心經由印度將技術流入蘇聯。所以日本在技術援助方面可說是處於非常自由的立場。

現在，對於開發中國家援助的理念已經改變了。以往西方先進國家的援助對共產主義而言，防波堤的意義較大，而冷戰結束後，已經不必這麼做了。美國推出的新援助理念是「民主主義」與「人權」。而日本則特別重視「環境」。

探討印度問題時，印度可算是一個民主主義國。

儘管是開發中國家，但是自一九四七年獨立以來，經常藉著選舉而進行平穩的政權交替。面臨非常事態時，軍隊也不會登場，這在開發中國家而言，是非常罕見的例子，九一年開始自由化之後，盧比大幅度貶值。印度人暫時對於國內的通貨失去信心，拚命購買黃金，黃金價格上揚。但是現在黃金價格已經穩定了。印度人開始信賴自國政府印刷的鈔票。也就是說，國民已經產生了信賴政府之心，因此，不會出現如中南美所發生的激烈通貨膨脹的現象。

先前敘述過，拉爾總理進行經濟自由化時，印度的外匯存底只有十億美元。到了九四年四月時，已經達到一百四十億美元。三年來就能夠擁有這麼多外匯存底，堪稱奇蹟。

以前日本也有這樣的經驗。不管哪一個國家缺乏外幣時，就會進行外幣限制。而印度反而採用自由化政策。

可見得印度人的想法的確非常豐富。進行自由化，渡過外幣危機。此外，雖然幣值下跌，可是卻沒有發生引起暴動的通貨膨脹現象。由此可知，國民信賴政府，這一點特別值得注意。

印度的經濟自由化，對於印度的企業家而言：

「如果能把五百元變成一千元就好了。」

一般人會這麼想。但是印度的企業家則斷然認爲：

「應該變成一萬元。」

也就是希望擁有更多的自由，最初的一年半，企業家感到非常迷惑。但是後來認爲「自由也不錯，自由能夠振興企業」，因此開始掀起了小規模的投資旋風。看其事業內容，充滿了能在國際競爭上獲勝的製品，得以爲其製造機運。

美國、德國、瑞士的企業自不在話下，印度、中國也可能成爲二十一世紀的市場，這一點一定要納入考慮而訂立戰略。

在塔塔財閥與新加坡政府共同推展的邦加羅爾市近郊的情報科技園區，有IBM和AT&T等廠商進駐，也就是考慮將來的印度市場而考慮的戰略。

日本企業也要將印度視爲是一對象，納入考慮中，這可說是能夠對應世界新秩序、建立戰略的絕佳機會。這就是我對於「現在爲什麼要考慮印度」這個問題的回答。

清好延

一九四三年出生於日本靜岡縣富士宮市。畢業於東京外語大學印度語文科。一九六四年進入三菱商事（株）。一九六七年開始，十六年內三次住在印度。一九九一年離開同公司，擔任日印調查委員會事務局長。一九九四年擔任同委員。

日本企業想要利用進駐印度而趕上歐美企業嗎

以下我想以顧問的立場，探討日本企業是否想藉著進駐印度而趕上歐美企業。就其現狀，從以下四點開始進行分析。

(1) 印度經濟改革的意義

這個問題最重要的一點，就是「市場的擴大」。

過去三十年來，印度變化極大。看GDP、農業一直居於主要的地位，但是從一九七五年開始，工業部門開始不斷地成長。我想今後工業在印度經濟上將會擁有最重要的地位。此外，與其他開發中國家不同的是，印度對於通貨膨脹的問題能夠適當地加以處置。

中產階級發達，歐美也注意到這一點。其購買力與台灣相同。根據世界銀行的調查，八〇年代的中產階級大約有四千萬人，進入九〇年代之後增加爲六千萬人。看中產階級的情形，六千二百萬人也就是二千二百萬世帶擁有電視，六百四十萬世帶擁有冰箱。最重要的是，八五～九〇年的五年內，增加了八百四十五萬人口的中間層。

接下來的五年內，就會出現二千～二千五百萬人，也就是另一個台灣的規模。印度市場的規模，大概計算約有五個台灣那麼大。

印度的經濟改革，大致分爲兩方面。其一是自由化，另一個就是國際化。目前二者都達到極高的水準，印度誕生了新市場。

例如，九二年印度的電話回線爲五五〇萬回線，到西元二〇〇〇年時，估計會有三千五百萬回線。此外，一年內設立的企業數，與十年前相比倍增。結果，OA機器的需要增加。

(2) 印度經濟的潛力

探討印度的經濟潛力時，必須從先前所敘述的中產階級的增大等需要面，以及豐富的人材供給面加以探討。

印度是世界上少許的頭腦大國。根據UNESCO（聯合國教育科學文化機構）的調查，科學技術者的人數僅次於美國、日本，占世界第三位，將優秀的軟體技術員送往世界各地。大學的設備也非常優良。

由於上述的背景，電腦軟體產業獲得成功。九〇年軟體的出口為一億二千八百萬美元，九三年達到三億六千七百萬美元。主要出口國幾乎都是歐美國家（將近八十%）。

(3) 歐美企業進駐印度

其次探討歐美企業如何進駐印度，活用印度的優點。

現在透過新聞等能夠輕易得到印度的情報。而最近在印度的投資、合併暴發性地增加，進駐的企業在印度得到的利益率，比在其他國家得到的利益率更高。這些樂觀的、好的消息，的確對歐美的企業造成心理面的影響。

例如，在「FORTUNE（財富）500」名單中的企業，其中進駐印度的企業，八〇年為一九五家，到了九二年為二三三家，到了九四年為三七五家。

進駐印度，或在印度投資、展現活動的主要企業，以範圍而言如下：

汽　車　ＧＭ、ＢＭＷ、鈴木
電　腦　ＩＢＭ、三星
飲　食　雀巢、凱洛格、可口可樂
家電製品　菲立普、金星、三洋、松下
辦公機器　ＩＢＭ、全錄
電腦軟體　ＡＴＴ、摩特羅拉
金融機構　梅里林奇、摩根
電　力　西門、ＡＢＢ

在此，以西門進駐印度爲例。

西門設定二〇〇〇年時的收入爲二十五億美元。由收入計算投資額爲七億五千萬美元。成長範圍包括電力、通信及電腦軟體等。

西門的方法非常獨特，並不是只成爲一家公司的事業夥伴，而是在每個範圍與不同的對象成爲夥伴。

例如電力方面，鍋爐與ＡＢＢ歐洲企業結盟，而渦輪、斷路器等則與ＢＨＥＬ印度國營企業攜手合作。通信範圍則與印度的提爾公司以及法國的提雷克姆公司共同攜手合作。

以下介紹其他公司的例子。

凱洛格的例子也頗耐人尋味。凱洛格進駐印度才一年半，沒有其他事業夥伴，五一％來自美國總公司，其餘則由股票市場籌措資金，成立凱洛格印度分公司。他們不只將印度當成市場，同時也將其做爲將製品輸往西南亞地區或日本的基地，成爲技術與資源的供給地。

其事例可供日本商社和食品相關的輸出事業做爲參考。例如，凱洛格在印度製造的小麥與玉米等，將輸出目標對準韓國、香港、馬來西亞、印度、台灣、新加坡等所有國家。

華德·迪斯奈和CNN、STAR－TV等公司也非常重視印度。他們注意到印度的部分有二點：其一是與軟體有關的技術，另一個是電影產業、音樂產業。印度的電影產業、音樂產業具有巨大的規模，目前正計畫活用印度在這一方面的優良設備。

(4) 日本企業能忍受苦戰嗎

對於日本而言，印度是情報不足的場所。日本在距離歐美旺盛活動較遠的地方。問題在於歐美企業確立了在印度的流通系統之後，後進的日本企業想要從中建立新的流通系統非常困難。此外，也存有執照的問題。在這些地區進行企業活動需要執照，過了一陣子之後也許很難取得許可活動的執照。

最重要的是，現在進駐的歐美企業注意到的是，技術、研究開發等軟體範圍，他們雇用設計師等優秀的人材，將來日本企業恐怕很難取得人材，所以，綜合長期而考量，日本企業可能會陷入苦戰中。

加上先前的分析，日本企業想要進駐印度，趕上歐美，本身必須改變對印度的看法，必須改變在企業戰略中印度的地位。

我的提議是，要以全球性戰略的觀點掌握印度，改變根本的做法。

以往日本在冷戰構造中，自認爲是西方的一員而展現行動。但是，冷戰結束後，日本必然要面對思考新構想的時期，重新評估日本與世界的關係。

這幾年來，日本產業在世界市場逐漸失去競爭力。主要原因是因爲日幣升值、歐美企業技術提升。在汽車和電腦晶片等範圍，歐美，尤其是美國的企業逐漸抬頭。在情報網路、軟體系統、新生化科技、人工智能等所謂二十一世紀的技術範圍，日本還是落後的。所以日本必須重新確認本身在世界上所占有的地位。

以世界環境爲前提，考慮亞洲與日本、印度與日本的關係，最重要的就是如何實現「共存共榮」。包括這一點在內，今後必須認識印度是南亞的「戰略據點」。要改變等待政府邀請或對方企業邀請的被動做法，將印度視爲世界上的競爭場之一，以主動的姿態面對。

以往對於印度的評價，都是由其他公司過去的實績加以判斷，也就是說，三菱的情況如何、鈴木的情況如何等。但是，今後必須基於未來的可能性，以進行判斷。

當然，在印度做生意會面臨各種阻礙。最初面對的就是情報問題，也就是無法確立收集必要情報的方法，或是情報根本不存在。

印度人可說是很難交涉的對手，雖說政府的限制減少了，但是仍有許多限制存在。據說印度的生意人付錢付得很不乾脆，無法長期和他們做生意。但是爲了解決這些缺點，必須活用屬於印度通的顧問，以面對挑戰。

Partha S. Ghosh　出生於印度加爾各達。為國際經營、政策顧問。曾擔任M&C公司的工作人員，從一九八九年開始擔任帕沙·艾斯高休公司代表。

2
與印度人相處的智慧

從打掃到勞務管理，日本式經營已經紮根

我在一九四四年出生於滿洲。進入玻璃公司工作，在東南亞擔任技術指導。在印度要生產洗車用玻璃，因此被派遣到印度。我想述說當時的辛苦情形及勞務管理的問題。

印度人口爲日本的七倍，達八億人以上。面積爲日本的九倍，個人年收入爲日本人的八十分之一。印度的國產汽車數目年間約三十四～三十五萬部。日本每年生產將近一千三百萬部汽車。現在的主要汽車公司包括鈴木汽車等。

印度到一九五〇年代爲止，將汽車國產化。當時的亞洲地區能夠國產汽車的只有日本和印度而已。儘管如此，擁有八億人口，年間只生產三十四～三十五萬部汽車，看生產數量，就知道印度的汽車產業並不發達。

其原因，就是印度的汽車業界幾乎沒有競爭。

在鈴木汽車進駐印度之前，只有國產的「安巴沙達」以及「小帕德」車，自從國

產化以來，根本就沒有更換外型，這二種車種獨占整個市場，技術並未進步。

令人深感遺憾的是，英迪拉・甘地的次男山佳・甘地提議導入最新技術。於是「旭印度安全玻璃」隨著這股旋風，由鈴木汽車、旭玻璃和我的公司拉布爾企業三者合併，開始起步。持股比例旭玻璃占十二％，印度玻璃占十二％、拉布爾企業占二十四％。也就是二十四＝二十四的配股方式。鈴木汽車擁有十二％的股份。

在印度容易出現企業家庭公司的現象，而「旭印度安全玻璃」，一開始就是一個機會均等的專業公司，一般的股東達四十％。

人員包括五十名幹部、工作人員二七〇人，此外還有日本的派遣人員四人。工廠位於新德里郊外，在新德里到孟買的國道上。工廠旁有「到新德里爲九四・四公里」的路標，此外是一片田園。

爲何將工廠設立於此呢？容易得到勞動力，而且土地價格便宜。七萬平方公尺的土地只用一千五百萬日幣就買到了。而且在印度國內屬於落後地區，稅賦較低。從新德里開車到此處費時一個小時半，相當不便，但是這正是它能奏功之處。

以下討論日本式經營的話題。

我到達印度後，首先是我的事業夥伴拉布爾企業的山佳・拉布爾到達日本，與我們確認要導入日本式的經營，但是必須和印度進行調和的條件。因爲印度這個國家具有悠久的歷史，國民有其自尊，所以不能凡事都採用日本式方式，也必須應用印度好的部分。

經營陣容方面，我和山佳．拉布爾擔任常勤董事（Working Director）。此外還有許多董事，幾乎都是兼任的。每個月召開一次董事會議，由我們這些常勤董事提出報告，聽取建議。避免年輕的董事們方向錯誤，兼任董事是無報酬的。

旭玻璃和拉布爾企業的持股比例相同，所以任何事情都必須商量之後再決定。當然，做出最後決斷的是社長，但盡可能排除獨斷專行。

工廠的營運方面採用日本式經營。例如，工廠中完全與種姓無關，保證機會均等。關於這個問題，我本身並沒有感受到來自外部的反感，但是總務部長卻成爲衆矢之的。

不聽話的員工會被解雇，而總務部長在工廠口卻被對方威脅要「殺害他」。但總務部長是一位很勇敢的人，他甚至到對方家中。

在種姓中他屬於最上級的人物，到了威脅他的人家中時，全家都出來跪在地上說「請原諒我們」。在公司外還留有這樣的社會。所以部長各方面都挺身而出，但背地裡卻有這些人的支持。

工廠開始營運後三年內，由日本人擔任社長。在這段期間必須使得日本式經營紮根，反過來說，在日本式經營紮根之前，必須花費三年時間。在這段時間，副社長學習日本式經營，等到首任社長返回日本後，就由副社長擔任社長。

日本的派遣員以一對一的方式指導幹部。因爲日本人希望早點回國，所以想趕緊加速現地化的進行。

日本式經營最重要的一點就是「安全」、「品質」、「交貨期」。其中關於「安全」，實行得非常徹底，令人感到意外。

處理的製品是玻璃，處理的作業員有割到手的危險。因此一定要盡量避免受傷。日本國內的工廠並沒有徹底執行戴頭盔的要求，而印度工廠全員都戴頭盔。對我而言這是首次經驗。

在此日本更熱的地方大家都戴上頭盔，也就是說大家的安全意識很高。頭盔在當地是貴重品，可能是覺得戴起來很好看吧。實際情形我不得而知，甚至有的人戴著來上班，可見他們非常喜歡戴頭盔。

其次是「品質」與「交貨期」的問題，雖然出現資金不良的情況，有時甚至連不良品都想出貨，但是絕對不能這麼做。此外，不論發生任何事情，都不能切斷客源，這在日本是理所當然的事情，但是在印度這並非理所當然的事情，有時客戶會被若無其事地切斷。責任會轉嫁給他人，但是工廠徹底監督，以完全杜絕這種事情。

在教育方面也非常用心。

幹部、副社長、工廠廠長等，全部送往日本，教育他們對於安全、品質、交貨期，以及終身雇用制、年功序列企業內組合等日本式經營的方式。其次，與生產有關的三位技術人員，則送往川崎的工廠，五十天內在生產線上接受實習教育。

經過這些助跑期間後，在當地進行教育。在當地生產開始的六個月前，就開始實行教育。剛開始時有二十名以上的日本人派遣到印度，二週後替換新人，進行勞務管理、經理、輸送、製品業務等的教育。基本上是一對一的方式，陸續製造出許多日本人的分身。

我對於事務所的幹部、技術員給予六個月到一年的研修期間。以常識來看，期間似乎太長了。中途進入公司的人可能不會前來，因此，雇用在其他公司沒有經驗、剛畢業的人，與日本的技術人員一起進行課程的研修。工廠中沒有種姓制度，但是技術員大都是「頭腦聰明的人」，他們對於日本的做法會產生抵抗感，有些人在研修期間就辭去工作，但是只有這個研修毫無例外，全部的人都實行了。
關於員工方面，經過六個月的研修期間，參考結業時的技能水準，以決定是否雇用。
除了日本當地的教育外，還設定到日本的留學制度。每年派二、三名人員前往日本，待在日本二、三週，學習最新的技術。而在印度國內，對於優秀的職員則給予前往商業學校就讀的獎學金。如果是幹部，則積極進行公司內的QC和技能講習會。
關於雇用方面，幹部大都已經決定了當地的夥伴。與我直接有關的，則是製造課長、公認會計師及營業課長等職位較低的人員。如果是工程師幹部，則必須在全國報紙上刊登雇用廣告。先收集履歷表，經過面談後再決定是否雇用。
雇用考試的內容，包括一般知識、專門知識、英語。英語考試的問題由夥伴出題，而其他內容則由我出題。出的題目屬於非常高度的問題，但是成績很好，大部分人都會取得七十～八十分。然後是與當地人面談，最後由我提出各種問題，決定雇用人選。
員工方面則讓他們做我出的計算題，檢查視力、握力等，然後再雇用。雇用非常重要，這些事情不能交給他人做，尤其最初的三十個人是由我挑選的。

為了雇用最初的三十個人，從新德里開車到工廠去，發現有一大堆人圍著工廠。我以為發生了暴動，小心地進入工廠，結果發現全都是應徵者。要雇用三十人卻聚集了六百人。

這個地區是落後地區，並沒有眞正的產業，大多數人都是以農業維生，應徵者大都是無法繼承家業的次男、參男，全都穿著舊衣，有很多人沒有穿鞋子，大部分人穿著拖鞋或光著腳。

讓他們參加考試，考八十分以上的人可被錄用。如果在日本平均得分為二十～三十分的考試內容，在這兒卻有很多人的分數超過八十分。所以預定的三十人很順利地召集了。因為這是處理玻璃的工作，所以必須進行視力、握力的檢查，嚴格挑選。而最初雇用的三十人，充滿工作企圖，至今仍是主力的工作人員。

當時曾受到沒有被錄取者的威脅。甚至連警察署長的兒子也來參加考試，結果未被錄取。警察署長開著吉普車過來，要求我們讓他看答案卷，但是他發現這個公司並沒有背景可言，反而心服口服，因此對我們大為贊許。

應徵者中有些是殘障者，我們沒有辦法雇用這些人。但是連續二～三週，他們每天都會來到工廠門口，讓我覺得如果他們不被雇用，結果似乎可能會死掉。其中有一人的考試分數高達九十分，結果似乎他未被雇爲員工，而是雇爲事務工作者。在當地，對於任何的不滿都必須光明正大地處理。

其次是勞務管理，最重要的就是「公平處理」，因此需要一些規範。基於玻璃業的就業規則，建立當地版的就業規則。建立後深獲好評，成爲其他日系企業的範本。「規則」看起來好像沒什麼大不了，但是遇到糾紛時可以代替法律，的確有所幫助。例如出差時的午餐費到底多少等，一開始就要決定。

有些人考慮進駐與製造業有關的事業，但是需要特別注意的就是「工會活動」。否則可能會遭遇一些麻煩，所以一定要多學習。

以印度的國情而言，由於長期親蘇聯，共產黨的工會活動非常激烈。經常罷工。尤其在我的工廠所在地的哈里亞納州，在野黨掌握政權，其他企業經常出現罷工的情形。還好我的工廠距離新德里較遠，因此比較不會受到不良情勢的影響。

這裡的人都很單純，尤其能夠進入公司工作、安全地工作，獲得制服、頭盔等，他們就非常感謝了。面談時詢問他以前工作的地方給他多少薪水，大都是一五〇盧比。我們這裡則一開始就給予七百盧比的薪水，在當地算是非常高薪的工作。

最後探討的公司內工會的組織化，先設立從業員福利委員會，二個月一次由四名現場代表者與副社長、廠長、總務部長開會，解決各種問題。例如，餐廳的菜單、通勤狀況、薪水的支付時期等都加以討論。

此外，還有進行另一種嚴格的教育。也就是「自己打掃」。對於這件事情，印度人產生很大的抵抗感。他們認爲打掃是由負責打掃的種姓的人做的事情。讓他們自己打掃似乎是不合理的做法。即使日方的派遣員親身示範，他們也無法接受。

反覆錯誤的實驗，開始生產之後，發生了發電機故障的事件。工廠使用的機材全部由日本運來。發電機則因爲國產化原則上禁止進口，因此使用印度製的發電機，結果經常故障，剛開始運作後不久就停止生產。

這時，當地人感到非常困擾，擔心這樣下去公司會倒閉，使得他們沒有辦法工作，結果安裝新的發電機時，全部的人都努力挖洞，鋪水泥以建立地基。經過這次的事件後，大家都能主動打掃。以種姓的想法而言，根本不能打掃，這一點確實值得注意。

再談到借貸的問題。印度人經常借錢。親戚要結婚時，會向公司借一、二個月的薪水。只要是借一個月的薪水，沒辦法只好借給他們。

此外，通勤方式大都是騎自行車。一台約二千～三千盧比，爲了讓他們買得起自行車，也會借錢給他們買。有些人最初是光著腳來的，後來能穿鞋子，而且騎自行車通勤了。甚至有人買了摩托車，生活方式逐漸改善。

關於年終獎金方面，印度人認爲沒有賺錢之前是不可能給年終獎金的，但是我們認爲不論有沒有賺錢，都要給年終獎金。最初從半個月分到一個月分的獎金，後來一年發二次。

接下來爲了鼓勵出勤率高的營業員，也給予獎金。其他的汽車廠商也這麼做。月間全勤獎爲文六十盧比，年間爲七二〇盧比，也就是月薪的一成。營養狀態方面，印度人不像日本人那麼好，因此經常生病，但是還是有幾人得到全勤獎。

日本人與印度人的溝通也很重要。印度長期在英國的影響之下，一旦地位提升時，希望擁有個人室，但是我和副社長在同一個房間相鄰而坐，而其他日本幹部全都坐在大房間裡。

我和副社長工作時是用英語交談。其他人聽我們用英語而非印度語交談，就會擔心「是不是正在說我們的壞話呀」？

最初一年因爲印度人獨特的口音，因此交談非常辛苦，最後來就習慣了。直到回國時九十九%的內容都聽得懂了。

對於今後想到印度的人，我的建議是，日本人之間的溝通也很重要。日本人會、商工會、日本人學校、大使館、銀行、航空公司、三菱商事、汽車廠商等的溝通非常重要。

我停留在印度時，有一次小偷跑進我家，於是我向日本人會聯絡，很快就找到犯人了，所以平常的聯繫非常重要。

印度有各種許可制，而我爲了得到各種許可，直到生產開始爲止，只花了一年不到的時間，這可算是一項新記錄。

理由之一就是，從一九五六年開始，擁有操業的實績。高級官僚每隔二～三年就會異動，但是在加爾各達知道玻璃公司人員的人非常多。在本省也有不少人知道。

於是，我前往市公所時列出了所有我認識的人。這麼做一定可以找到我認識的人，於是開始討論。

印度的市公所是文件社會，職員必須處理數量龐大的文件。看看桌上堆了三十公分高的文件，而我們的文件當然是在這堆文件的下方。利用中午休息的時間去，發現文件稍微升高了一些（笑）。算算日子，「可能已經輪到我了吧」，再去拜訪時，發現進行得非常順利，不知不覺中，等到輪到自己已經過了一年的時間。

此外，我的夥伴常經做的是，不論什麼事情，動不動就叫人去把官員叫來。每次都可將官員叫來，反覆這麼做，結果別人就認爲我的夥伴有後台。下次再辦事時就不需要多做請求。總之，一定要擁有一些他們感興趣的情報才行。這麼一來自己的計畫才會進行得非常順利。

印度的官員非常優秀、頭腦聰明。交談的內容及日本人的名字都記得非常清楚。我覺得要記住印度人的名字的確非常辛苦，相反地印度人卻覺得日本人的名字不難記。談話時他們會經常說到日本人的名字。如果能了解這些優秀的人，事情會進展得非常順利。

嶋永元康

一九四四年出生於舊滿洲。一九六九年進入旭硝子（玻璃）（株）公司。一九八六年～九〇年擔任新德里旭安全玻璃公司的首任社長，駐印度。現任AP公司副社長，駐美國肯塔基州。

與勞動有關的法律灰色領域交給夥伴處理

一九九四年八月到九月時前往印度，從廠商和商社那兒聽說與九三年相比，前往印度的人增加了一倍。詢問航空公司，發現暑期時的觀光客幾乎滿座。

歐美企業迎向二十一世紀時，在冷戰體制瓦解之後，將進駐印度納入戰略中，而日本企業應該也有同樣的想法了。

在新德里，日本人商工會和美國企業間的聯絡會我曾參加過，發現代表美國出席的全都是印度人。美國企業送往印度的代表，幾乎都是住在美國的印度人。據說原產於美國的只有金錢和技術，仍由印度人前往印度工作，因此，美國企業進駐印度非常順利。

近年來，各國進駐中國掀起了旋風，不過與印度相比，就可以了解印度的法律非常完善。在經濟自由化的潮流中，外資企業能擁有土地，這一點是和中國最大的不同點。例如，商社在印度開分社時，連經理級人員都可由公司出面購買住家，供經理居住。

在印度，技術者全都會說英文，但中國卻不是如此。此外，言論自由也受到保障，可說是民主主義國，對日感情良好，具有國際感覺的人材豐富，這都是與中國的不同點。如果想與海外企業合併的人，一定都具有豐富的海外經驗。

相反地，對於日本人而言，就是印度的食物和日本人不合。此外，雖然能用英文書寫，但是與企業有關的文件數量非常龐大，令人厭煩。

中國和印度的共通點，就是兩國都是大國，兩國國民交涉所需的時間較長。此外，兩國的基本設備都不完善，國內運輸不便。此外，不可忽視的一點是，兩國國民和日本人相比，都是更懂得賺錢的人。

現在歐美進駐印度掀起旋風，甚至英文版的『Doing Business in India』之類的書籍出版了。看到這些書籍，前言中寫著「在印度有（Written Constitution）。基於憲法，擁有各種法律。其中包括印度於一九四七年獨立之前的法律在內。

勞動關係方面，到底具有哪些法律呢？我們來探討一下。例如在當地設立工廠時，與許多法律有關，以下一一說明主要要點。

(1) Industrial Dispute Act（產業相關爭議法）

勞資雙方發生一些問題時，首先必須在Labour Commission 進行裁決，如果仍無法解決，則基於法律進行訴訟。

(2) Workman's Compensation Act（勞動災害法）

因爲勞動災害而失去生命或受傷時，雇主必須支付受雇者多少錢的規定。這一點與日本相同，但是規則非常詳細。例如，左手中指的第二節的前端失去時，應付薪水的百分之幾等規定，十分詳細。因爲受傷而失去生命時，必須支付薪水的八十％或二萬盧比（約六萬日幣），支付金額非常高，如果不知道這一點，就會造成很大的錯誤。

(3) Fmployee's Provident Fund And Family Pension

這是與年金有關的法律。例如勞工累積二百盧比，而經營者再加上二百盧比，做爲退休後的退休金。

(4) Payment of Gratitude Act

關於退休金、慰勞金的規定。

(5) Fmployee's State Insurance Act

印度沒有健康保險，因此可以利用這個法律來代替健康保險。

(6) Payment of Bonus Act（年終獎金支付法）

規定最低、最高額的年終獎金。

(7) Payment of Wage Act（薪資支付法）

其中說明「必須用金錢支付薪資」。日本會進行現物支給，但是在印度法律是不允許的。

(8) Minimum Wage Act（最低薪資法）

法律上並未規定「必須支付多少最低薪資」。記載「由各州自行決定各公司必須遵守規定」。

以下列舉德里州的最低薪資供各位參考（一九九四年）。

Unskilled　日薪　五三・一五盧比（換算月薪一三八二盧比）

Semi－skilled　日薪　五九・五〇盧比（換算月薪一五四八盧比）

Skilled　日薪　六九・四五盧比（換算月薪一八〇六盧比）

〈大學畢業者〉

Non－matriculate　日薪　六〇盧比（換算月薪一五七五盧比）

Matriculate　日薪　七〇・四盧比（換算月薪一八八〇盧比）

Graduate and Above　日薪　八二盧比（換算月薪二一四二盧比）

(9) Factory's Act（工廠法）

建立工廠時，例如職員爲幾人以上必須設立餐廳或每隔幾公尺必須設置垃圾筒等，包括勞動條件在內都加以規定。

(10) Maternity Benefit

規定對於孕婦的待遇。

(11) Weekly Holiday's Act

規定一週內有一日全休，而另一日半休。並未說明星期幾爲休假日。

(12) Apprentice Act

關於童工或見習工的相關法律。

(13) Trade Union Act（工會法）

必須仔細閱讀研究。

⒁　Industrial Employment Act

這是使雇用者與被雇用者權利義務明確化的法律。因州別不同而異。

⒂　Contract Labour Act

這是雇用零工的相關法律，與普通工廠無關的法律。

此處列舉的十五項法律中，如果不熟悉工廠法、最低薪資法、年終獎金支付法、工會法等的最新情況，就沒有辦法提出更好的條件，或是很有自信地與對方交涉，有可能失敗。

除了前述項目外，各州還有Shop and Establishment Rule與事務所、店鋪有關的營運細則。

印度並沒有明白的失業率統計數字。只知道有幾百萬人不斷地等待職業，例如求才時提出公司名稱，在報章、雜誌刊出徵人廣告，可能會造成重大麻煩，一定要避免這麼做。

此外，相關政府官員可能會說「請雇用我的孩子、雇用我的親戚」，而施加壓力。也有來自交往客戶方面的壓力。

因此原則上求才時，不會說明公司的名稱，而是刊登匿名的報紙廣告，應徵信函寄往P.O.BOX，例用文件考選後再進行面談。此外，也可以委任人材公司擔任第一、第二階段的考選，自己公司只進行最後的面談。

此外，也可以配合本身的情況，請人力仲介公司介紹適當的人選。如果只需要少數人手時，用這種方法也許比較好。但是如果是大型公司，被介紹而受雇用的人，會被其他同事指為「那個人有特殊關係喔」，而受到差別待遇。因此，最好以公平的方式雇用職員。

在印度，為了賺錢的所有權限，都集中於領導者手中。習慣由領導者即斷即決。塔塔財閥等是例外，但是像比爾拉等財閥系統特別會這麼做。當這些領導者與日本公司交涉時，

「希望能以TOP、TO、TOP的方式討論」

這麼做就能立刻決定一切。已經過世的比爾拉財閥的領導者G．D．比爾拉曾和我一起談話。他並沒有到過日本，因此我說：

「我可以為你安排，你想見誰呢？」

這時他說：

「我想見日本首相。」

對於他的要求，我當然愼重地加以拒絕了。因爲比爾拉認爲自己是印度的領導者，所以如果要和日本有地位的人交談，他當然要和日本的最高領導者交談。

印度的領導者在交涉事物時可以立刻決定一切。就日本方面而言，例如社長特意前往新德里，與對方握手交談，但是日本的領導者卻不能立刻做出決定。

「我了解你所說的。」

只能這麼說，吩咐秘書記錄下來，事後再給對方答覆。

「我回去後再答覆你。」

結果令對方感到非常不高興，他們認爲：

「日本到底是由誰決定事情呢？我是爲了簽約才到這裡來的。」

感到不滿。TOP・TO・TOP的意義在日本和印度是不同的。日本所謂TOP・TO・TOP是指討論工作的事項，大家相談甚歡，而稍後的工作則由下方進行。

此外，日本的領導者不了解的是，印度人想做任何工作時，不具有對於這個工作的專門知識，只是觀察社會的動態，有自信這個工作一定能賺錢，因此就去做這個工作。甚至在印度有許多公司，其組織內並沒有專家、沒有工廠，以這種型態運作的企業比比皆是。所以，以這種方式工作，則印度的領導者和日本的領導者之間當然會產生很大的鴻溝。

必須藉由一些努力和工夫才能塡補鴻溝。企業的意思決定，並不是身爲上班族的社長能夠了解的。必須努力讓印度人了解，如果沒有專家，則工作無法順利進展，科長在日本只是一職務的名稱，而且不是今年賺錢後，立刻能使薪水倍增，必須連續賺五年的錢，才能使薪水增加一倍。

以下幾點也値得注意。

首先，是在印度想成功的秘訣要選擇好的夥伴，這一點最重要。一旦失敗，一切事情的進展絕不順利。尤其應該找能夠確認自己應有的出資及應有之利益的分配情形的夥伴。

先前列舉了十五項與工廠有關的法律。其中有許多灰色領域。印度人將灰色視爲白色。而外國人，尤其是日本人把這個部分視爲黑色。

將灰色領域視爲白色的企業，與將其視爲黑色的企業之間，例如工廠建設成本，可能產生一倍以上的差距。而勞務管理方面也是同樣的。因此，關於灰色領域的部分，就交給值得信賴的印度夥件處理吧。

此外，印度的契約書數量龐大，對於處理這些契約書絕對不能表現出厭煩的態度。

是否習慣於製作契約書，會造成很大的差距。日本的公司，按照慣例，對於對方所製作的契約書，長達六十～七十頁的英文契約書，會依項目別而檢討是否要接受。但是這是屬於中下的做法，還沒有到達中的做法。

千萬不要這麼做，要將自己的想法、自己的公司想做的事情直接塡入契約書中，需要擁有這種感覺。也就是說，所謂契約，就是建立一個讓自己的公司能夠賺錢的系統。但是眞正能夠辦到的公司非常少。畢竟日本人面對印度人想要不自負也難。因此需要印度的專家。

清　好延
（略歷見前）

沒有問題就是沒進步，與官員相處的方法

我從一九九〇年四月到一九九三年三月末的三年內，擔任JICA的印度事務所長，服務於新德里。以下敘述我在這段期間的經驗，及與印度人交涉的問題。

首先說明我所服務的JICA的印度事務所的活動情形。

JICA的印度事務所，創立於一九六四年，有三十年的歷史。九三年時，在世界上有五十多個JICA的事務所。其中印度事務所在經濟協助關係上僅次於泰國，爲世界第二古老的事務所。但是現在比印度事務所更晚創立的印尼、菲律賓、中國事務所的活動盛行，印度JICA事務所的活動則稍嫌落後。

但是，在那拉席姆哈·拉爾政權成立之後，對於JICA的期待陸續增高。現在除了無償資金協力事業、專家派遣事業、開發調查事業、研修員接受事業之外，還在二處實施計畫型態的技術協助。

一處位於距離新德里東方約五百公里的烏塔爾普拉迪休州的州都拉克諾，進行醫療協助事業。另一處則是以邁索爾都市爲主，進行的關於繭、蠶絲的改良事業之協助。

技術協助的一大支柱，就是接受研修員，在ＪＩＣＡ一年約接受來自印度的一百位研修員。

到目前爲止，到日本接受技術研修的大約達二千四百人。其中大部分是印度中央、州政府的中間分子，非常活躍。我想印度對於日本的了解逐漸加深了。

此外，我開始也敘述過，僅僅三年內，我與印度的官員們進行了許多交涉。透過這些經驗，學習到與印度的官僚們相處的方法。

印度政府官員的人數，從頂尖的次官到現業部門爲止，大約有一百萬人。其中實際趨動事業的，則是屬於ＩＡＳ（Indian Administrative Service）的人。相當於國家公務員中的高級職務。

當然，要擔任這個職務，需要通過困難的考試。每年有五、六萬人應徵，合格者只有七百～一千人。

印度國家公務員的高級職務，分爲幾種。相當於行政官的，就是前述的ＩＡＳ，此外，在外務部負責外交工作的則稱爲ＩＦＳ（Indian Foreign Service）、警察官員稱爲ＩＰＳ（Indian Police Service）。而現在最具有力量的印度優秀分子，就是屬於ＩＡＳ的人。

當然，行政府並不是光靠這些精英分子展現行動。接受他們的指揮、命令，實際在中央政府起草事物，接受指示而展現活動的人，稱爲ＣＳＳ（Central Secretariat Service）。

此外，在其下方工作的職員，則待在各室工作。印度政府具有三層構造。

接受國家考試的ＩＡＳ，除了部分人以外，分派於與本人的出生州不同的州工作。如果回到出生州，恐怕會爲了該州的利益而工作，因此不派任到出生州。他們在地方州與中央政府之間往來三至四年左右，朝出人頭地的階梯往上爬。

相當於中級職務的ＣＳＳ，則不配屬於州政府。在中央政府內接受考試而進陞。規則上規定ＣＳＳ只能進級到Joint Secretary（相當於局長）的職務，Jaint Secretary幾乎都由ＩＡＳ占據。

我們準備實施計畫時，進行交涉的就是Joint Secretary 或其下方的Director（部長）。

和他們見面談話，說明想要進行的計畫，通常得到的回答都是『No Prblem』。看起來好像談話順利進行，但事實上都不是『No Prblem』而是『No Progress』。如果聽到『No Problem』而感到安心時，則計畫的進行可能停止，一定要注意這一點。掌握關鍵的是CSS的人。起草裁決文的是他們，所以與他們取得溝通非常重要。

通常，在各市公所有Minister（大臣），其次是Secretry（次官），在其下方爲Joint Secretary（局長）。從CSS上層的案件進行裁決的，通常都是Joint Secretary。關於重要的案件，通常必須交由大臣裁決，不過通常都是由Joint Secretary的判斷來決定事物。

印度的行政府在Joint Secretary 上方或其同列有Additional Secretary（次官）、Joint Secretary 的下方有Director（部長），在其下方有Deputy Secretary（課長），其次是Under Secretary（股長），再下方有Section Officer（主任），以這個順序成立組織。

Deputy Secretary 或Under Secretary 附近有IAS的年輕人或CSS攙雜其中，因此，哪個人屬於哪一部門，除了看名片以外，沒有可以了解的方法。

我們所見到的就是前述的Joint Secretary 或Director。和他們見面十次，其中一、二次必須和Under Secretary及Deputy Secretary見面會餐。經常和Joint Secretary會餐，但在其下方實際負責起案的人，並沒有設定與他們見面的機會，因此必須多設立一些機會，增加接觸的次數，才能具體了解手續進行的狀況。

除了中央政府直轄的計畫以來，與州政府共同進行的計畫也很多。以JICA的例子而言，就是烏塔爾普拉迪休州的醫療計畫，手續非常複雜。

爲使計畫順利進行，最後必須得到中央政府的承認，因此必須進行與中央政府的折衝，在此之前必須與州政府及其實施機構達成協議。

根據我的經驗，與州政府有關的工作，比直轄中央政府的工作需要花更多的工夫和時間。因爲與州政府有關的計畫，是依照州政府的預算而進行的，但是與中央政府的事物處理能力相比，州政府的能力比較差，因此通常預算無法按照預定執行。沒有預算當然就無法擁有建築物，也沒有辦法準備必要的機材。因此，如果將直轄中央政府的計畫與州政府相關計畫比較時，則直轄於中央政府的事業進展較快速。

其次是關於印度行政機構的說明。

印度的部廳數與日本的相比非常多。主要的部門爲財政部、內政部、外交部、工業部、商業部、農業部等。

將部細分化，當然在進行事物的時候，一部的手續還沒有結束，又必須和相關各部達成協議來進行，實在非常複雜。

部廳細分化，意味著許認可權限分散化。因此計畫實施需要花較多的時間。也就是說，想要實施具有某種程度規模的計畫時，大部分的計畫不是光靠一個部廳就能完結，而是與其他部廳互相調整，而調整需要花較多的時間。

例如，現在實施「工業團地開發計畫」這個計畫，這個計畫的相關部廳是財政部、工業部等八大機構。其他國家的計畫可能其規模與更多的部廳有關，但是在印度由於成爲中心的部廳調整能力不夠，因此計畫越大時，相關部廳之間的協議需要花更多的時間。

JICA的印度方面之協談機構，是財政部的經濟局。因此關於各種計畫的未解決問題，必須和財政部的Joint Secretary或Director會面商談才行。幾乎所有的例子在最初階段的回答都是『No Problem』。等到下一週要處理懸案事項時，再次會見，聽到的回答仍然是『No Problem』，但是事實上卻是『No Progress』。

因此，在印度進行任何交涉時，通常對方都會回答『No Problem』，但如先前所說的，如果了解「沒問題」就是「沒進度」，以後交涉時就會事先做好心理準備。

在這種狀況下進行事物時，必須儘早找出到底誰才是關鍵者，誰與事業直接有關。JICA事業的關鍵者就是財政部經濟局的Joint Secretary，而這個職務的人非常忙碌，根本無暇聽其他部廳的見解。

因此，必須與相關各部各別協議，再由他做總整理。在各部廳之中，由於Joint Secretary，Deputy Secretary，Under Secretary或IAS、CSS等複雜關係，因此，要在各部廳中發現誰是關鍵者非常麻煩。

雖然辛苦找尋，但是如果能夠發現關鍵者，取得溝通，說明自己的意向讓對方了解，請對方起案文書，則業務就能順利進行。

例如，日本人要找尋印度行政組織的關鍵者，也只限於有時間，能夠見面的人。因此，一定要充分活用當地幹部。如果當地幹部優秀時，則工作就能順利進展。

JICA的事務所中，有服務了將近三十年的當地幹部。他們具有相當廣的人脈，透過他們與相關者接觸，懸案事項一定能獲得解決。

印度的當地幹部中，有許多優秀者。因此過於優秀，有時對於我們的態度就會太過於草率。但是他們看人的眼光非常準確，如果自己以熱情的態度對待他們，他們也能夠充分發揮作用。當然，也必須給予相對的報酬及待遇。

這些似乎都是理所當然的話，但是自己的意思到底是什麼，現在在做些什麼？一定要清楚地說明，才能驅動他們。如果關係進展順利，有很多優秀而且頭腦聰明的人，比我們具有更多人脈，能夠順利地進行與部廳之間的相關業務。

印度和日本的社會制度及文化完全不同。當然，如果以日本的感覺工作時，則工作的進展不順利。

但是，如果能與他們和睦相處，讓他們了解自己的心情，則他們也能勤勉地工作。

印度的駐在員不論做任何事情都是慢吞吞的。在印度事物的進展雖然緩慢，但是約束的事情還是能夠遵守約定。所以，如果忽略了印度的步調，而光是以日本的快速步調加以衡量，恐怕與對方之間就會發生爭執。

樋田俊雄

一九四七年出生於日本名古屋。一九七〇年進入海外技術協力事業團。一九七四年時該單位名稱變更為國際協力事業團（ＪＩＣＡ）。從一九九〇年至九三年駐在新德里。現任同事業團醫療協力部計畫課長。

不要害怕口角之事，與印度人的交涉術

我在一九八七年秋天到九三年十二月，駐在印度六年二個月。在此我根據自己的經驗，說明以生意人的身份與印度人交涉時應該注意哪些事項。

歐美人經常說日本人「到底在想些什麼都不得而知」。同樣地，日本人看印度人也會認為「不知道他們在想些什麼」。尤其在做生意時，印度人與日本人的感覺完全不同，以下列舉數點。

首先是，印度人的自我主張強烈。

日本有「謙虛的美德」的說法，在印度這一點完全不適用。希望自己站在較強力的立場，要求自己的主張被接納，可能是從忍受被英國統治的歷史中培養出來的態度吧！

其次是對於時間觀念的差距。日本的生意人會基於詳細的時間表行事，認為「時

間就是金錢」而行動，但印度人完全不同。

具體而言，『Within one week』：是指二、三個月以內，『within one month』是指不知道到底何時能完成。如果要依照定好的時間表進展事物，對一般的印度人而言會感覺很難應付（不過隨著規定緩和、市場經濟化的進行，民間企業家對於時間的觀念感覺和以前有很大的差別，這一點各位一定要了解）。

根據我的推測，他們認爲「現在」只不過是五千年到七千年悠久歷史的一部分而已，所以一週或一個月的時間根本微不足道。

金錢的價値感與日本人不同，這一點也必須牢記在心。

在日本不管哪一個公司，人事費用的成本非常高，管理職必須每半年或每一年拿出成績來。但是在印度這種成本與時間的迫切感卻比較少。

印度人與日本人相比，「時間就是金錢」的意識較淡薄，因此在一個案件上所花的時間很多。以日本的立場而言，一年必須拿出賺多少錢的實績來。但是在印度，案件即使沒有依照計畫在原訂的時間內賺錢，但只要好好地做，就認爲自己已經完成了工作的任務，像這樣的負責人非常多。這個差距可能是經常與時間競爭的日本人無法忍受的一點。也是現在對於印度的投資沒有辦法成長的原因之一吧！

所以，日本人和在各方面感覺不同的印度人交涉或做生意時，必須注意哪些要點呢？

首先在心態方面必須注意的是，即使是非常嚴肅的交涉，也必須以「遊戲感覺」來享受，必須擁有心靈的餘地。

與印度人交涉時，即使發生口角之爭，也沒什麼問題，絕對不會留下任何的不愉快。來自日本的技術者中，不少人最初看到對方怒吼時感到很驚訝，想說的話也說不出來了。如果對方大聲責罵時，你只要大聲回罵就好了。但並非所有印度人都會大聲地責罵對方。

他們對於歐美的白人，就不會採取這種蠻橫的態度。這是根據英國統治以來的習慣。但是日本人和印度周邊國家尼泊爾、不丹等蒙古民族臉型相同。體格方面則比北方印度人雅利安人更差。

印度在南亞不論自他都認爲是大國，尤其第二次世界大戰後，在冷戰構造下，處於非同盟諸國領導者的立場，擁有這種歷史背景，因此還殘留著類似中國的中華思想的大國意識。也許我的想法只是日本人的偏見，但是，

「印度人可能擁有『日本人只是暫時賺錢而已，自己才是最優秀的』意識吧！」

事實上，我這項推測是根據經驗而來的。

即使對方是日本人，如果是來自日本的社長、專務等幹部級的人物，則情況就完全不同了。會採取蠻橫態度的印度人，大都是與外國人接觸較少的人，只有對英文沒有自信，而從日本到印度出差的人會採取蠻橫的態度，首次見面時可能會表現出無理的態度。

交涉時，假設頭一天怒目相視，交涉無法順利進行，但是第二天他們似乎已經忘了前一天發生的事情，會笑著說「你好嗎」。等到問候結束，談話進入核心時，可能又開始爭吵，即使反覆出現這種情形，也沒有問題。不是一直爲了討論而討論，藉由這種爭執能夠了解雙方內心眞正的想法。

與政府企系業或公團的中級幹部的交涉，則非常麻煩。即使依照契約書交涉，也會遇到『Buyer is king』的無理難題。他們很會說話，而且有很多人英語說得很棒，即使和他們爭論也無法獲勝。

這時要轉換方向，到政府系企業公團的領導者處。首先必須先和領導者的秘書聯絡，約定時間，但是也不見得就能進行順利的交涉。領導者是具有影響力的人，即使第一次時他不同意，但是可以反覆進行幾次商討，逐漸地領導者也能了解你的想法。

這是我自己的經驗，當時公司的汽車要由日本進口到印度。

首先在CCIE（進出口管理局）取得進口許可，車子運到孟買港，在那兒必須辦理通關手續。但是，交給無法抵擋幹部的通關業者，花了一個月的時間，手續仍然辦不好。

身為外國人的我趕緊前往CCIE。負責人出來見我，說道：

「請喝茶。」

雖然他這麼說，但是我卻說已經花了這麼多天，卻無法得到許可，我們不要喝茶。結果他找出檔案，召喚各負責人前來，交談後說道：

「再十分鐘就可以了。」

「那我就喝茶吧！」

也就是說，對於對方要表現出強硬的態度才行。但先決條件是，必須在腦海中先整理該如何應付交涉的對象，到底該求助於何人。

另一個例子，就是花了二年時間終於達成技術提攜的協議，簽定契約。日本的總公司方面認為這麼一來就不要緊了，於是將廠長送來，但是印度方面卻提出要求，希望刪改原本雙方已經同意的基本條件。

他們的感覺也許是「就算不行也無妨」，但是這位日本的廠長似乎是一位非常頑固的人，認爲這麼一來根本不能信任對方，將對方當成互助合作的對象，因此主張根本不要理會對方，結果雙方的技術提攜方案沒有下文。

所以，了解印度人交涉方式的日本人，必須對日本方面先加以說明，而在印度方面，也必須在事前對他們說明提出更多要求將會使雙方互助合作的計畫中止。

印度的民間企業不會進行權限的委讓。由擁有者決定事物，管理職只不過是進行事務的手續辦理而已。因此，負責者沒有辦法當場決斷。

官方或政府相關企業公團等原則上必須得到大家一致同意，才能決定事物。如果負責者做出決斷時，則害怕會被誤認爲與企業有特別的關係。因此重要案件與擁有最後決定權的人有直接關係，即使得到中間管理職層的確認，也無法發揮效力。

此外，與市公所關係交往時，關鍵在於如何掌握擁有好人脈的人。

印度的官僚IAS（通過高等考試的人）只選出有限的人擔任這些職務。同期或差一年的人之間橫的聯繫非常強，建立起壟斷各部廳、地方州政府的關係。如果關係好，擁有廣大的人脈。所以一定要和擁有廣大人脈的人建立關係。

以上敘述了和印度人做生意時所面臨的困難，是我過去的辛苦經驗。不過這是在經濟自由化政策滲透之前所發生的情況，而且主要是基於與官廳或公團及政府相關企業之間的交涉經驗。不過最近受到經濟自由化政策的影響，他們的商業意識已經有了很大的改善。所以今後也許較容易交涉了。

最後，不只是在印度，在外國做生意的時候了解對方的秘訣如下：

必須盡可能多了解該國的歷史書籍，才能了解他們爲什麼會有某種想法，爲什麼會出現某種行動。從歷史中充分學習，就能夠順利地交涉、討論。

南部捷郎

一九四三年出生於舊滿州。一九六九年進入日綿實業（株）。從一九八七年到九三年為止駐在新德里。現任亞洲、大洋洲統轄幹部（香港）東京駐在統轄幹部。

禁止沈默，擁有不輸給印度人自我主張的精神

駐在印度的日本人，只有「非常喜歡印度」或「非常討厭印度」之分，並沒有介於兩者之間的情形。這的確是非常有趣的現象。接觸印度這種異文化時，爲什麼會討厭印度呢?首先探討這個問題。

我在一九六二年的學生時代，曾經遍訪印度，在旭硝子當地工廠工作二週，對於所見到的人詢問他們討論印度的理由，並做成記錄。其中包括了二百項。從小的理由到根本理由都有。

印度是個複雜的國家，與日本人的想法不同。日本人對於廉恥的想法在此地並不適用。氣候多變、容易生病，而且輕視女性。但這並不只是印度的問題而已。其他許多複雜國家的情形也是如此。這並不是討厭印度的根本理由。

就文化面而言，例如食物不同、缺乏謙虛的美德、愛說話。音樂和日本也不同。

事情的開始與結束不明確。例如結婚典禮等就不具有如日本般的過程。

在工作方面，例如興建建築物時，日本人要從祭拜地基主開始，經過竣工式工程終了，而印度則時時進行對神的祈禱，對於工程，不知道什麼時候開始，工程的結束也不明確。鷹架還沒有搭好就開始工作。但這都不是討厭印度人的理由。因爲直到最近爲止，即使印度各地的食物也不同，也不是每個美國人或歐洲人都具有謙虛的美德，還有很多國家的國民也愛說話。

有些印度人有自戀狂，認爲「印度是世界的中心」。印度是哲學的發祥地，認爲印度是最好的。

他們認爲印度人的英語才是正確的英文，日本的發音是錯誤的。我們努力學習英文，但是到印度去時卻聽不懂他們的發音。而印度人則主張「日本人的耳朵根本沒有接受過訓練，我們是實際上使用英文，我們的說法才是正確的」。

印度人完全沒有「沈默是金」的想法。沈默就表示沒有意見。對於不懂得說英文的日本人而言，在印度人面前保持沈默，會被視爲是無能。也就是說，他們認爲有教養的人、一流的生意人應該說流利的英文。

此外，印度人在授受金錢時一定會數鈔錢。例如，看到蓋有銀行封印的一疊鈔票我們不會去數。但是在印度，當銀行行員拿出一百盧比的鈔票時，客人一定會數，沒有數過的鈔票不能收下，如果不數，收下的鈔票不夠時，則本人必須自己負責。事實上十次中有一次眞的是不夠。

印度人不信任日本人。因爲他們認爲日本人宣稱交易中蒙受損失，可是卻擁有這麼多的外幣。但是從日本人的眼中看來，印度人也是如此。例如不遵守約定、不了解日本人的眞意、將日本人當成笨蛋等。

在當地生活時，會遇到許多這類事情。

在工作上，龐大的契約書令人感到很厭煩。如果在日本只有二頁的契約書，在印度可能會寫成十頁。因爲沒有口頭約定的緣故。印度人對於軟體不支付金錢。即使是找藉口，如果正確地說，則部下不需要負責任。必須經常看老闆的臉色。對自己的公司沒有忠誠心，喜歡TOP・TO・TOP的對話。市公所的工作效率很差。工作中經常聊天……。

數落印度人的缺點並非我的眞意。我眞正想說的是，討厭印度的人都不具有自己的判斷基準，而是藉著日本的報章、雜誌、媒體等情報，當成自己的判斷基準而生活的人。

這些人到印度時，將日本的判斷基準直接帶往印度，認爲這樣就能適用於印度的生活。但是在印度雖然自己所想的「全部是那麼回事」而產生排斥反應，甚至陷入神經衰弱狀態。也就是說，喜歡追求潮流的人，沒有自我價值判斷基準的、沒有自我觀點、沒有好奇心的人，都是討厭印度的典型。

相反地，喜歡印度的人大都是擁有自己的基準點的人、積極的人，對於說服印度人不會感覺疲累的人。也就是擁有不服輸的精神，擁有堅毅的性格，會以玩遊戲的心態對待印度人。

信任公司對工作而言是絕對條件。信任公司的人前往印度，會慘兮兮地回來。這是因爲印度公司事務處理的步調和日本有很大的差距，在這個調整過程中容易失去對公司的信用。到達這種情況時，駐在員的生活的確非常痛苦，甚至變成非常討厭印度的人而歸國，而且持續說印度的壞話。

先前我所列舉的討論印度的要素，我們稍微換個觀點來看。例如有的人認爲印度沒有令他喜歡的餐廳，但是在日本的好餐廳又在哪裡呢？

日本人長期以來認爲討論食物是男人的恥辱。戰爭結束後有一段時間，只要能吃到東西就覺得很不錯了。後來逐漸有人對食物開始發牢騷。而印度，在這混亂複雜的時候，沒有好的餐廳也是理所當然之事，認爲應該有好餐廳可說是日本人常識的錯誤。

總之，只不過是衡量基準的方式不同而已，並不是什麼大問題。一定要了解印度人所具有的基準點，不要迷失自我，很有自信地介紹日本的技術，販賣日本的貨物，購買印度的貨物，這麼一來一定不會討厭印度。具有不會討厭印度資質的人到世界上任何一個國家，都能了解對方而好好地工作。

清　好延

（略歷見前）

3
享受印度生活的智慧

寬容與注意力，雇用傭人的心態

我和在商社工作的丈夫，一起在二十幾歲和五十幾歲時二次總計八年時間，停留在印度。最初決定前往印度時，我不知道爲什麼自己身爲主婦還需要雇用傭人，感到訝異，但是實際在當地生活後，發現還是需要的。

大家知道在印度有所謂「種姓制」的身份制度。是因純血、混血的程度，或是職業而加以區分的。在印度社會中，絕對不能隨便說種姓。印度人之間只要聽姓名就知道屬於哪一種種姓。當然，自己感到驕傲時就會說自己的種姓，但是不能將種姓當成話題討論，而且應該要避免對於宗教的評論。在印度，種姓和宗教儼然成爲社會的團體制度，一定要了解這一點。

關於傭人方面，應將其視爲在家庭工作的職業團體。因此，我們如果在印度社會不雇用傭人時，會奪走他們的工作機會。

需要傭人的理由，還包括印度的氣候問題。白天的最高氣溫在加爾各達超過四十度，在新德里將近五十度。家庭內主婦從煮飯燒菜到打掃，全部自己做是不太可能的。包括上述原因在內，在印度需要很多傭人，其理由大致分爲以下四點：

(1) 氣候條件不佳。
(2) 社會的階級制度。
(3) 交通不便，走出戶外不見得立刻能買到所需要的東西。
(4) 由於政情不安而出現嚴重事態時，外國人士很難籌措食物。當地人可利用一些方法找到食物。

通常，印度傭人大致分爲以下八種工作。互不侵犯對方的領域。

廚師	只負責做菜。不洗碗、盤、鍋子
Bearer	負責照顧主人、照顧飲食、洗碗盤、接電話等
Sweeper	負責打掃地面、廁所
阿亞	女性。負責照顧女主人和孩子

德比　　　　負責洗衣、燙衣服

園丁　　　　負責修剪庭園中的草木、播種、種花

司機　　　　只處理汽車的問題

警衛　　　　在印度東部稱爲達爾旺。爲二十四小時二班制或三班制

此外，還有稱爲Housekeeper的傭人。以往如果命令阿亞擦地，或是叫司機照顧孩子，他們絕對不會遵從，但是最近因爲使用數名傭人會引起紛爭，所以最近廚師兼Bearer、阿亞兼德比等兼任一些工作而多得到一些薪資的例子增加了。

雇用傭人時，應該注意以下幾點：

(1)確認身份

通常日本家庭中的工作人員都是經由曾在日本家庭中工作的人，口耳相傳而來謀職，而在印度則必須證明他們以往曾在何處工作過。

(2)健康檢查

印度人罹患結核的比率較高，最近還有HIV，感到懷疑時一定要接受血液檢查。

(3) 通知警察

必須確定本人的住所。盡可能拍下臉部照片，送交給警察。在印度，警察及警官具有相當大的權威。

(4) 試用期間

不要立刻雇用傭人，設定三個月的試用期間較好。如果試用期內覺得不好，可將對方辭退。如果一開始不嚴格挑選，恐怕就無法找到好傭人。

新德里三菱商事的廚師（中）與BEARER（兩側）

一旦決定雇用後，必須訂定雇用條件，製作契約書。即使是不會說、寫自己名字的傭人，也要請聽得懂他的話的人用印度文或英文溝通，一定要讓他簽名。口頭約定根本不算。

此外，工作時間、休假日及薪水等條件，都要事先決定好。還有年間加薪、年終獎金、加班費等，採用通勤方式或住在主人家，還有支給物，例如有無制服，以及紅茶或牛奶等食物的支給等必須事先決定好。一定要清楚談好這些條件，再訂立契約。

其他方面，還要注意傭人的宗教信仰。日本人經常笑稱「自己無宗教信仰」，但是不只在印度，在外國無宗教的說法是不適用的。

印度人八十％是印度教徒。年間休假日也是以印度教的祭日最多。主要是相當於舊曆正月的「迪瓦里」（與宗教有關的祭日是以陰曆計算，大約在十一月左右），還有三月的「賀里」等節日。這是淋有顏色的水、歡喜迎接春天來臨的節慶。

回教徒占了百分之十幾。他們有稱為「齋月」進行斷食的季節。在這段期間從日出到日落不能吃喝。齋月解除的日子是休假日。

此外，還有百分之幾的基督教徒，但是有的人聖誕節休息、復活節不休息。

除了宗教的休假日外，八月十五日的獨立紀念日及一月二十六日的共和國紀念日，傭人也會休假。關於傭人的薪水方面，有一些注意要點。

薪水當然因傭人的經驗和家庭人數的不同而異。一年加薪一次，為一成左右。年終獎金一年發一、二次，為一個月的月薪。此外，傭人經常會要求先借支，最高只能借給一個月的薪水，不要給太多。他們會以分期的方式分三～六個月償還。

至於傭人的居住所，在一千坪大的住宅庭院，會另外蓋六～八個榻榻米大的房子。這個房子供傭人全家人在其中生活。

父親睡在床上，妻子和孩子睡在地板上。廚房和廁所等在外面，由所有傭人共同使用。水電費等由雇主負擔，因爲在宅內生活，有任何事情他們立刻就可以前來，對於主人而言非常方便。此外有的人不住在傭人房而回到自己的住家，採用通勤的方式工作。

關於給傭人的支給物，也必須事先了解。當我們到達新德里時，是以公司爲雇主而雇用傭人。一年分二次給他們上衣、褲子以及鞋子。

依家庭的不同，有的給予圍裙，有的給予主人穿舊的衣服，有的則是給予阿亞紗麗（印度婦女用的包頭裹身或披肩裹身的棉布或絲綢）。

關於傭人結婚、生產，可以不給予任何的祝福，但是一般而言都會給月薪的四分之一。給印度人禮金時，經常要加一盧比，也就是一〇一盧比或二〇一盧比，這是一般的習慣。表示不會斷絕，能夠一直延續下去。

印度人的薪水方面，大學畢業的男子成爲當地幹部，在日系企業工作時，大約二千盧比(1)，而傭人、廚師爲八百盧比(2)，Housekeeper 四五〇～六百盧比(3)，這是一般的行情（一九八〇年代末）。傭人在印度人家庭工作時，薪資約少二成。

（註）一九九五年六月時，（1）約四千盧比　(2)一千五百～二千盧比　(3)一千五日～一千八百盧比

印度是一個非常悠閒的國家，所以雇主不能太過認眞嚴肅，但是如果不提醒他們注意，他們可能又會太過散漫，所以還是必須注意應該提醒的地方。

例如，花瓶擺在架子上，第二天時可能擺在架子的一端，再過一天可能擺在地上了。某一天你再看時，花瓶可能已經不見了。印度傭人經常會出現這種情形，因此要多加注意，而且表現出自己注意對方工作的態度。

另外一個例子是我丈夫的例子。最初他有十個月的時間隻身住在加爾各達。

丈夫由日本帶了很多罐頭，罐頭上以羅馬文標示「細野」的名字擺在架子上。有一天，其他的日本主婦說：

「細野，你的罐頭在市場販賣。」

回到自家的架子上察看，發現擺在最前排的罐頭還是擺得好好地，但是後面的卻不見了。原來是傭人偷偷把它賣掉了。他並沒有看到上面的「細野」。

「細野沒錢而賣罐頭了呀！」

丈夫被別人嘲笑。他無法每晚細數罐頭的數量，但是重要的東西，尤其是放錢的地方一定會上鎖。

印度是鑰匙社會，大家都會帶著一串鑰匙。當然，有的地方就算不鎖上也無妨，但是基本上如果不鎖上，則不知道到底會發生什麼事。

此外，酒可能會被傭人偷喝掉，而加入麥茶代替。因此隨時都必須小心注意。這對於在印度的生活而言，是非常重要的態度。

爲了防止問題，最好要讓所有的傭人簽名。給他們專用的本子，支付薪水時讓他們簽名，清楚地記錄他們已經收到薪水了。

最後還有一些注意事項。雇用傭人時，絕對不要混淆他們的工作範圍。印度人很愛爭執，喜歡表現自我主張。在工作上即使提醒他注意，很多人都不願意承認自己的過錯。可能會因此而生氣，但是絕對不能舉手投降。

大部分的傭人對於雇主都非常有禮貌，會照顧雇主而且疼愛孩子。如果碰到不好的傭人，只能怪自己的運氣不好，趕緊換個傭人好了。

總之，與許多的傭人好好相處，是在印度生活的一大重點。

細野孝子

出生於東京。和在三菱商事（株）工作的丈夫一起於一九六三～六七年時住在加爾各達及新德里（一九八六～九〇年）。在當地參加日本人婦女會等的活動。現在住在東京都。

生活的充實必須確保「足」

我在一九八九～九二年，曾有在印度生活的體驗。日本的生意人夫妻倆一起駐在海外時，爲了支持丈夫的立場，妻子所應做的事情，與在國內時相比，眞是大很多。

在家中接待丈夫的同事或客戶，滿足來自日本的出差者的胃袋，同時還要和丈夫公司內同事的妻子交往。在日本人交流學會中如果被要求擔任婦女會部長時，也必須要接受。

在印度必須負責這些工作，因此不像在美國有許多時間享受餘暇。從十月到三月之間，有很多來自日本的客人。因此一直在計畫中的印度國內之旅，根本沒有辦法成行。

在印度生活，因此特別注意到「生活」面。我感到日本人必須了解的是種姓制度及氣候。

種姓制度是由家世和職業的地位而決定的。根據生活的體驗，我對於種姓制度的結論是，印度的種姓制度不單是上下的關係而已，有時候還有由右到左、由左到右、斜面的關係。

在印度國內開車旅行時，一位卡車司機好像很得意似地一直追趕我們的車子。此外，在印度街頭的乞丐，看起來一點也不卑屈。看到他們的態度，以我個人的感覺認爲種姓制度並不是上下關係。

關於氣候方面，新德里六月末到九月是季風季節。與日本的梅雨季不同，一天內雨忽下忽停。我所居住的住家陽台稍微傾斜，因此驟雨打入陽台中，等我下班回家時，發現二樓的寢室地面積水，剛買回來的地毯全部被打濕了，甚至連拖鞋都漂浮在水面，令我感到很驚訝！

新德里夏季的氣溫爲四十度以上，冬季爲五度以下。由於住宅爲石造的，因此冬天非常寒冷，冬季的衣物是絕對需要的。

此外，夏天暑熱時，有時會採取計畫停電。一天內可能有二、三個小時不能使用冷氣。電力情況很差，這時只好在地板上撒水。

印度經常停電，停電時最可怕的不是熱，而是保存於冰箱的食物會壞掉。前往印度的出差者因為在印度吃的食物與日本不同，因此感受到壓力，而冰箱沒有電時也是一大問題，這點必須注意。

主婦，尤其是日本主婦必須注意的就是衛生狀態。新德里街頭的醫生說，人類或動物的大小便會立刻乾燥，而其細菌會在空氣中浮游，到處都有蛔蟲卵，因此在家中庭院種蔬菜，做成醃漬菜吃時，肚中就會有寄生蟲。所以如果是農場種植的蔬菜就可以安心了。比起日本農場而言，使用更多的農藥，但是比起吃進農藥而致癌而言，蛔蟲卵是眼前的危險。

此外，主婦也會因為傭人而覺得焦躁。傭人是財產，最好找出個人的優點，好好與他們相處吧！

經常聽說傭人會偷東西，他們可能是擔心被辭退而偷東西。在印度人的家庭中，被辭退的人就會出現偷盜的行為。關於這類行為，常見於報紙的社會版上。即使有偷盜習慣的人，依使用方式不同，有時也會成為好的傭人。在日本人家庭中能夠得到較高的薪資，而且也能學會如何做日本菜。

此外，重點是「不要給予傭人任何機會偷東西」。我自己從食品到冰箱，家中的東西全都上鎖，無法上鎖的起居室或廚房，則將抽屜的內容做成表，讓他們各自負責。由於他們對於自己的工作感到驕傲，因此就能防止偷盜的行爲。

想在印度快樂地過活，最重要的就是要確保出門時的「足」。最方便就是計程車，但是女性單獨乘坐計程車也有危險的一面，因此，最好有熟悉的司機駕駛較好。新德里的街頭每一區都有計程車招呼站，在自家附近的計程車招呼站，搭乘由熟悉的司機所駕駛的車子，車資方面也不會被騙。

此外，參加日本人婦女會也很重要。

一年有四次在飯店集會，進行快樂的活動或觀賞印度舞蹈。婦女會的會報或「印度生活指導」定期舉行。由於電話情況不良，所以這一類的集會對於日本人間的情報交換非常有幫助。

山中由岐子

一九三七年出生於橫濱。和在三井物產（株）工作的丈夫一起前往紐約、底特律，一九八九年開始三年內在德里生活。現在住在東京都。

成為連印度人都驚訝的「印度食通」

日本人在印度生活，最麻煩的就是飲食生活的不同。住在日本，當然有吃印度咖哩的機會，因此，對於這方面也有各種知識。以下敘述關於印度的飲食生活。

首先是調味料方面，在印普哈耳和緬甸交界處，是亞洲的一條交界線。由緬甸往東走，是蛋白質發酵的調味料世界。不僅有豆和魚的差距，而且將蛋白質發酵製成的醬油、漁醬、味噌、納豆等當成調味料使用。

越過印普哈耳後，就是香料文化圈了。調味料只有鹽和香料。印度也屬於這個文化圈。

香料傳入之前，歐洲的調味料只有鹽。當然也使用花草等。後來在歐洲大量使用的辣椒，是來自新大陸美國，胡椒來自亞洲。

現在我們非常重視法國料理或義大利料理，而眞正的西歐料理發達的時間只有幾百年而已。但是像中國料理或印度料理則具有幾千年的歷史，確立了一種料理文化。所謂料理，是在中央集權的力量出現，官廷料理確立了體制時成立的。在印度，先是雅利安人，接著是回教徒入侵，建立了孟加王朝，製造宮廷料理，使得現在宮廷料理開花結果。

在孟加王朝之前，印度的食物是屬於禁欲派的食物。規定印度教徒生活的方式是「摩奴法典」，法典中記載的飲食，以現在的水準而言可說是非常簡陋禁欲的飲食。當孟加勢力進入之後，與印度所具有的力量合流，而發展出現代的印度料理。

談及亞洲文化，有中國和印度二大巨峰，由這兒流出的文化成為周邊各國的文化。飲食文化也包括在內。

有一次，和熟悉中國料理的茶水大學的中山時子教授一起吃中國料理。當時教授說「亞洲料理，尤其是使用醬油地區的料理，大都是從中國料理中減掉一些東西而形成的」。例如日本料理，就是中國料理中去除了油和香辛料而形成的。

先前敘述過，印度料理和中國料理同樣是飲食文化的巨峰，因此，從印度料理減掉一些東西，製造出來的就是孟加拉料理、尼泊爾料理及斯里蘭卡料理。

由此可知，西歐料理、印度料理、中國料理中，中國料理在最高峰，其次為印度料理，而西歐料理則才剛開始呢！

由外國人眼中看來，認爲印度有很多菜食主義者，這一點也需要注意。當然依地方的不同而異。不過，與日本的生意人接觸較多的貴族有很多菜食主義者。所謂「完全的菜食主義者」，則是即使蔬菜也只吃生長在地上的蔬菜，也就是說，像馬鈴薯、洋葱、花生、胡蘿蔔等生長在地下的部分是不當成食用品的。

此外，有許多的耆那教徒也如此嚴格。耆那教是和釋迦同一時期的馬哈威拉創立的宗教，以不殺生爲宗旨。他們在誦經時，甚至害怕不小心咬住在空氣中飛舞的蟲子而殺生，爲了預防這種情形發生而戴上口罩。

不可以殺蟲，因此也不能使用金屬製的農具。如果使用農具挖掘出地中的根菜，有可能會殺了裡面的蟲，所以不能吃這些具有危險性的食物。此外還有一種說法是，這些地表下的部分是植物的生命源。

雖然不知道確實理由，但有的人連番茄也不吃。但是比較緩和的菜食主義者則是連地下的蔬菜也吃。

非菜食主義者中，也分爲各種階段。有的人吃無精蛋或有精蛋，但是不吃其他動物性食物。此外有的人只吃雞，或是吃雞和羊肉，還有人是吃雞、羊肉和部分的魚，有的人吃河魚。到下一個階段時，有的人吃河魚及在河中抓到的龜，或是連鼈也吃。除了什麼都吃的人以外，還有不吃豬肉，只吃牛肉的回教徒，以及不吃牛肉卻吃豬肉的印度教徒。

印度教徒是否眞的完全不吃牛肉呢？這一點令人懷疑。例如有的人不吃牛肉，卻吃水牛。但是牛肉和水牛肉該如何分辨，令人感到懷疑，他們說只要看殺的部分就可以知道了。

由此可知，印度教徒雖然不吃牛肉，但是還有例外，印度人是否都不吃牛肉呢？事實上並不是如此。印度有十一·四%的回教徒，他們不會觸犯回教的戒律，當然有機會吃牛肉。

如果和日本的印度人一起吃東西時，即使是菜食主義者，也有很多變化，必須確認對方到底是何種程度的菜食主義者。

如果是完全的菜食主義者，就不要請他去吃東西了。這些人早就覺悟到，出國時必須在飯店的房間裡自己準備吃的東西。不需要擔心這些人的飲食。他們可能會帶罐頭食品或乾燥食品來。如果是什麼蔬菜都能吃的菜食主義者，問題就簡單多了。因爲在日本有價格便宜又很方便的中華料理。

我認爲沒有比印度人更容易款待的客人了。爲什麼呢？因爲他們不吃生魚片，幾乎不吃牛肉。除了這二種以外，在日本其他的飲食費用非常便宜。此外，通常日本的菜食主義者是不攝取乳製品的，但是印度的菜食主義者、非菜食主義者都可以吃乳製品。因爲他們認爲牛乳是神恩賜的贈禮。

印度有許多蔬菜，但是卻沒有牛蒡。魚貝類方面像霸魚、鯛魚、鰹魚、蝦、蟹、花枝以外的東西都不吃。肉類方面很容易買到羊肉、雞肉，至於牛肉、豬肉則擺在進口品超級市場或飯店。

最近規定可攜帶入境的日本食物每人達五萬盧比。如果能高明地帶新鮮的食物到印度，就可以放入冰箱中保存，問題在於經常停電。在家中時還可以應付，如果出差不在家而出現停電時，就糟糕了。

長時間停電，導致食物全部腐爛，等到再通電時，腐爛的食物又被冷凍起來。主人不在時傭人也翹班，所以根本沒有辦法照顧食物。所以每次我出差回來時，都會問傭人或附近的人是否停電。最近不只是工廠，連家庭都使用自家發電裝置。

在印度買不到日本食品材料。像醬油、味噌等可以從鄰近的國家購買，其他東西則必須由日本帶去。因此，日本企業中設立了駐在員一年中爲了購物而可以出國幾次的制度，或是建立回日本國內購買食物的系統。如果個人購買則成本太大，因此食品成本由本人負責，而空運的費用則由企業負責的公司也存在。

印度食用的米幾乎都是印度米。想要找尋我們吃慣的日本米是很困難的。在尼泊爾的部分地區可找到，但是數量有限，必須自己開擴將這些米帶入印度的管道。現在，新德里的日語學校的老師會以特約的方式訂購，通常買不到。如果想吃日本米，與其特意由日本購買，還不如由鄰近諸國購買澳州米或加州米較快。

直到最近爲止，在印度並沒有日本料理店。因此只好請受雇於日本人家庭的廚師做日本食。所以服侍囉嗦的男主人或女主人的廚師，的確非常辛苦。

以下爲各位介紹如何享受印度料理。如果各位想向印度料理挑戰，我建議各位的早餐有二種：

一種是「印度山巴」。將米粉稍微發酵後蒸出來的麵包，沾上帶有酸味、咖哩味的番茄湯食用。另外一種就是「馬沙拉德沙」。是利用香辛料馬沙拉煮成咖哩口味的馬鈴薯，再用米粉做成的餅包起來吃。

午餐建議各位吃羊肉飯。

印度人原則上是在家吃飯。很少去餐廳用餐。在鄉下在外正式用餐的機會並不多。

嚴格遵守古老種姓制度的人，對於誰做菜、使用哪些料理根本不得而知，根本不會去談論這些事情。如果在家中自行製作，就不必擔心這些問題了。此外，在餐廳吃飯價格昂貴也是原因之一。

因此，大學畢業後進入一流企業工作的年輕印度人，如果和我們一起到餐廳吃飯，要他點東西時，他根本不了解菜單上所寫的菜到底是什麼？

所以，如果前往十家料理店，將哪一種料理較好吃，事先記錄下來，當地人就會說「這個人非常懂得吃日本料理」，會得到很好的評價。

還有一點必須記住的是，印度人在家裡吃的東西，事先已經決定好了。不會像日本人到了超級市場後，才想「今天要吃什麼」，當然依季節不同會產生一些變化，不過一年中吃的食物大致已經決定好了。

以下介紹以法國人的飲食生活爲題材的小插曲。

有一天早上，一對新婚夫妻決定晚上將共進晚餐。送丈夫出門的妻子問：「今天晚上要做什麼菜？」丈夫說：「馬鈴薯湯和麵包。」妻子做好之後二人共進晚餐。

第二天早上妻子又問：「今天晚上要吃什麼？」丈夫說：「就吃昨天的馬鈴薯湯

和麵包好了。」

這個笑話告訴我們，雖然是法國料理，但是到鄉下地方也只有這些東西，因此，法國人以外的歐洲人將這個笑話當成嘲笑法國人笨的笑話。如果以印度人的方式解釋，則馬鈴薯湯和麵包就是「達爾」和「恰帕提」。

恰帕提是將全粒小麥粉捏成圓形烤成的食品，而達爾則是將豆殼剝除，對半剖開，煮過之後加入香料做成的，就像日本的味噌湯一樣。也就是飯與味噌湯。在印度，普通的飲食就是這些。如果再加上一道咖哩蔬菜，就算是大餐了。

我當學生時的一九六二年，曾經前往印度。坐在三輪車上和車伕們聊天。對方對於會說印度話的外國人以乎很感興趣。

其中有一位車伕問：「你一週吃幾次咖哩？」我告訴他因爲我很喜歡吃咖哩，所以吃二次，他說：「你吃二次呀，我吃四次呢！」後來我才知道，一週吃四次的意思是一週有四次是飯配菜。

清　好延

（略歷見前）

從日本研究到尖端技術，在印度掀起了學習日文熱的現況

我在一九七四年到七九年爲止，以及八一年到八二年，總計二次，待在印度首都的德里大學教日文。

後來經常爲了視察日語教育而前往印度，去年普尼的日語老師們成立了「普尼日文教師聯盟」組織，日文教師聯盟向國際交流基金請求召開座談會，於是我和以前在德里大學教書的老師二人，在今年二月前往普尼及孟買參加座談會，此外，還有來自南印度的日文老師參加，也有來自新德里的德里大學和尼爾大學的老師。以下是我向他們請教在印度的日文教育狀況。

印度的日文教育主要是在大學進行，不過最近有許多地方教授日文。

根據前述的座談會召開時進行的調查，發現在印度教導日文的機構有四十七所。以前則是以大學（本次調查中四十七所中的十一所）與印日協會（四十七所中的四

所，集中在西部）爲主，但是最近組織不斷擴大，AOTS（海外技術者研修協會）非常活躍。前往日本學習的人成立同學會組織（四十七所內的七所，南部較多）教導日文。在新德里的AOTS除了教日文之外，還教電腦，新德里據說日文教育的品質最高。

大學的日文教育是由尼爾大學、德里大學、普尼大學這三所大學負責。尼爾大學在語言學部東亞語學科中，有專攻日文的學科，進行五年的一貫教育。三年爲學士，修到五年爲止可以得到碩士學位。特徵是以語言爲對象。因此，獲得碩士學位而在其他大學擔任日文教師職務的，以尼爾大學的畢業生較多。

德里大學則是在社會科學部中國日本研究科中設有日文課程，原本是爲了研究日本的研究生設立的日文教育。分爲選修課程及二年內的必修課程，一般人或是大學學生、教師、職員等在工作或上課之前前來學習，有的人只想學習日文，眞正從事日本研究的人並不多。如果研究日本可以得到碩士或博士的學位，但是學日文卻無法得到學位。而大家來到此處的目的，只不過是爲了能夠看懂文獻。

在普尼成立日語教育中心的是印日協會。被派遣到商業都市孟買的青年海外協助隊的日文隊員，察覺孟買和普尼的特性不同，因此移到普尼，在印日協會開始日文教育是在一九七一年。

現在中心移到普尼大學，但印日協會仍然健在。普尼大學的日文課程位於距離本部較遠的市街中心的外國語學部中，授課時間集中於早晨和傍晚，分爲幾個班級。三年內的課程卻無法得到學位，也沒有專任教師。並沒有專攻日文或研究日文的學生支持，大都是兼任教師，沒有教員室，不過在首都卻和前述二個大學同樣的，成爲印度日文教育的中心之一。

學習日文之後，到底有哪些出路呢？關於這個問題，包括研究日本的研究者或日文老師，翻譯或通譯的工作，是傳統運用日文的生存方式。

在七〇年代後半期，擔任以日本人爲對象的導遊是極具魅力的工作。非常優秀的學生擔任導遊，移居美國之後，第二天開始可以擔任日文導遊的工作，或是經過努力學習之後成爲導遊，然後自己成立旅行社，擔任社長。此外，現在還有些人在學生時代曾經當過導遊，前些日子看到其中一個人參加電視節目，令我嚇了一跳。爲了研究日本而參加日語課程，結果卻產生了導遊，的確令人奇怪。但是在工作機會較少的印度，當時學習日文就能謀生，因此使得學生的學習動機及慾望都很高。

其次是日系企業進駐印度。鈴木汽車和印度成立合併的鈴木公司，當時擔任日本幹部通譯的人，有些是德里大學或尼爾大學畢業的人，日本的汽車公司進駐印度，而相關的公司也進駐印度，後來還舉辦了亞運，開闢了日後進入日本公司或與日本的合併公司就職的道路。

我在八二年歸國後，經常在印度見到日語教師及以前的學生，但是發現學習日語者就職的最新情報並不多，最近的傾向則是集中於教導優秀的年輕技術員日文，送他們到日本研修，而且這種現象在邦加羅爾非常盛行。

在印度幾處可看到很明顯的需要日文的特徵。

首都新德里是包括公務員等上班族及中產階級人口最多的都市，但這些人大都在前述二大學或日本大使館文化中心等公家機構學習。

孟買是商業都市，在做生意和社交會話上具有強烈的需要。大都未學習文法或漢字等。

普尼在地理上與孟買息息相關，但是與孟買完全相反的是，爲了了解日本技術的技巧，因此爲了閱讀手冊而需要日文。所以學習方式不同。邦加羅爾也是屬於普尼型。

此外，普尼的特徵就是有很多人移居到郊外的新興住宅，舊市街地的居民爲僧侶。在經濟上雖然不是屬於上層階級，但是就知識而言，屬於上層階級，學習就是他們的傳統職業。因此，不論是研究或就職，不論是技術或金錢，並不是爲了實用而學習日文，純粹是爲了興趣而學習。

因此，平常教導實用日文的我，對於這件事感到非常震撼，有一種新鮮的感動。當然，在印度任何地方都有這樣的人，不過只有此處才會將語言的學習當成一種教養。這種高度的文化水準，只有在普尼開始日文教育的協助隊員才了解。

這種特徵在二十年前及現在都沒有改變。趁這次座談會的機會，我又確認了新的傾向。在新德里的AOTS教導電腦，而這次日文教育機構的表中可以了解到因爲Software Engineering或Computer Application Center或Dept. of Computer Science或是Computer Pvt. Ltd.等與電腦有關的日文教育正在實施中。

現在，電腦和日文的結合度極強，如果二種都學會，則對於就職有利，所以與以往不同的是，理工科系的學生也學習日文。進行二個月的座談會待在普尼的期間，由於女子工科學苑開始教授日文和德文，因此我也應邀參加典禮。聽說希望學日文的人比希望學德文的人多。由此可知日文的需要已經產生很大的變化。

到了八月，爲了二月的座談會事宜而再度前往孟買和普尼時，又發現新的事實。我到在普尼大學學習日文的幾名學生工作的電腦軟體公司參觀時，在大學教書的幾位老師，也是日本技術者的通譯及手冊的翻譯者，因此與這些公司的關係密切，令我感到驚訝的是，適合日本的日文軟體，是由印度程式設計師設計出來的。

看NHK的節目，知道美國向印度的塔塔集團訂購軟體，但是我不知道在印度竟然會製造日文的軟體。幾天後我在孟買參加了這家公司納入富士通傘下的紀念酒會。可能是因爲印度人製造軟體的能力及學習日文的能力，和支付給他們的勞動薪資較便宜，而產生了這種佳績吧！所以在印度進行這類的工作也許大家已經習以爲常了。能使用廉價的好軟體當然很好，但是利用二十來歲的印度年輕人的頭腦製造軟體，隨即用後即丟，這種做法是否是爲印度人著想，令我感到很懷疑。

在普尼進行的座談會也舉行專案討論。當初原以爲是用日文和英文進行，結果對於來自下層階級的問題，全部都能用日文回答，這時我才了解印度人的日文能力非常高，令我非常佩服。

在印度教學的日本人也參加了，因此還有一位韓國人。在尼爾大學、德里大學和普尼大學教學的老師們，有些是長期在日本留學的老師，有些則是從來沒有到過日本的年輕老師。連年輕人都具有如此高的運用能力，恐怕在他國很少見。

以日本人的眼光看來，印度人太喜歡說話了。因此，也許是發表能力高才使得他們的日文運用能力提高了吧！

在座談會中，有人提出不希望自己是文盲，希望自己能夠看懂漢字，而且能夠寫日文的自我反省意見。對於擁有母語比日文更為複雜的構造，而且文化表現性豐富的印度人而言，除了漢字和外來語之外，日文可說是非常簡單的語言。像日本人學英文或印度文非常辛苦，但是在我的眼中看來，和印度人沒有辦法使用二千個漢字，沒有辦法閱讀同樣辛苦。

關於製造電腦軟體方面，日文聽得懂，但是說的能力就不行了，普通的東西能寫能讀，希望自己能寫一些普通的東西，雖然能用文字處理機書寫，不需要用手寫，但是無法識別漢字就是嚴重的問題了。現在正尋求這方面的人材。雖說除了研究者以外在這方面不會過分地要求，但是在印度還是需要日文，也許應該改變日文的教法吧！

在印度日文的需要逐漸擴大。今後相信將會繼續發展。

伊勢田　涼子

一九四一年生。一九六八年到七〇年擔任青年海外協助隊派遣馬來西亞馬來亞大學日文講師。從七四年到七九年及八一年到八二年擔任國際交流基金派遣德里大學日文講師。現任東京水產大學教授。

4
了解宗教、政治的智慧

種姓制度不單是身分制度而已，還是「社會」

關於種姓的問題，很多專家有各種不同的說法。但是並沒有定論。現在生意人和印度人接觸時，必須注意幾點，以下加以探討。

日本人對於種姓，有一些難以抹滅的傳說和神話。例如印度人見面的瞬間，有的人就知道對方所屬的種姓。

關於種姓，傳說人類從頭的部分出生的是僧侶階級的婆羅門，從手出生的是剎帝利，從身體部分出生的是吠舍，從腳出生的是索托羅，如果不知道從哪個部分出生的就是不可觸民。這是神的決定。外國人見到印度人時，很想問他到底是屬於哪一種種姓，只認爲這是印度人所具有的一種文化而提出這種問題。

但是印度教對於四種區分的意義，具有如後述的上下關係。如果詢問對方屬於哪一種，算是非常失禮的問題。被問及種姓能夠很驕傲地回答的，只有最上層的婆羅門而已。除此之外，在回答時必須意識到上層階級，所以在印度通常禮貌上都不會問這個問題。

不過先前列舉過的

- 婆羅門
- 刹帝利
- 吠舍
- 索托羅

稱爲四種姓，都可以視爲「種姓」，但並不包括一切。四種姓印度話稱爲「威爾納（色）」。據說雅利安人的白色、先住民的黑色形成上下關係，這就是威爾納的起源吧！

事實上，種姓這個名稱並不是來自印度，而是外文（葡萄牙文）。葡萄牙人認爲這是自己的國家所沒有的特殊制度，因此將其命名爲種姓制度。如果用印度話翻譯種姓制度，比較相近的說法就是「佳提」。那麼佳提是什麼呢？包括生世相同的團體，或世襲制的職業團體的想法在內，就是佳提的意思。

佳提有無數，據說有二千到三千種。

日本人認爲佳提應該是屬於四種威爾納或不可觸民的一部分，但事實並非如此。

例如現在屬於剎帝利的佳提中，有的原本就是索托羅，因此印度的種姓制度不只是上下關係，也具有左右、斜面的關係。

屬於一種種姓，擔任由其種姓決定的職業時，就能糊口，具有這種社會保障制度的一面。例如屬於製壺的種姓，即使身體殘障、不能工作，同業者也會供給他吃喝，這種社會保障也可以算是佳提的一種意義。

在印度生活時，普通的生活不會觀察到種姓制度之間的不調和，認爲它具有整合性，感覺好像是能夠順暢行動的有機體。當然，政治家等爲了獲得選票，因而也許會進行煽動，產生糾紛，引起流血的騷動事件，但是普通生活中不會出現這類的摩擦。

種姓制度的問題越往下挖掘越不容易了解。許多印度人和外國的研究者寫了關於種姓制度的論文，或出版書籍。但是不管閱讀哪一本書籍，都無法對於種姓制度擁有明快的了解。有關於此日本人該如何對應呢？

我自己認爲，種姓制度與其認爲是一種「身分制度」，還不如說是一種「社會」，這種想法應該較容易了解。

我上一次駐在新德里時雇用的傭人，來自塔米爾納德州，在新德里擔任傭人的工作謀生，所以他是屬於來自塔米爾納德州，從事相同工作者的衆人的社會。

社會中發生糾紛時，社會的成員以長老爲主聚集起來，以自己的智慧解決。必須遵從其決定。我想把這種社會當成種姓制度，應該比較容易了解。

例如，塔塔集團所建立的塔塔鋼鐵廠所在的城鎮，以創設者之名命名爲佳姆歇德普爾，別名「塔塔那加爾（塔塔城）」。住在塔塔那加爾，在塔塔鋼鐵廠工作，本身就形成一個社會。對於這個社會的歸屬意識比以往所屬的佳提的意識更強烈。

據說鈴木汽車是進駐企業中少數勞務管理成功的例子。成功的理由之一，就是在工廠內形成了一個社會。

這一點非常重要。在汽車工廠，從社長到員工在同一個餐廳吃飯。以印度教的概念而言，這是不被接受的事情，不同的種姓在同樣的場所吃東西，而且所吃的是不知道由誰調理的食物，這是脫離種姓制度習慣的做法，但是在工廠中卻沒有任何人抱怨。

也就是說，認爲只要屬於這家工廠生活無虞，有一種「相互扶助社會」的邏輯發揮了作用。認爲與其工廠倒閉而不能賺錢，還不如在工廠多努力才能賺錢，只要擁有這種共同意識，就不容易引起勞資紛爭。

此外，種姓制度的特徵是，對其他種姓絕對「不干涉」。現在的印度政府也有這種特徵。

當一個村子或社會發生騷動時，有人到這個地方的委員處聯絡。委員絕不會慌張，也不會立刻跑出去解決問題。等到工作結束後或吃完飯、換了衣服之後才到辦公室。到了辦公室時才從秘書那兒聽取詳情。

這時可能已經過了四、五個小時，然後再決定是否要前往該地。

委員出現時不是單獨的，一定會有部下或隨從同行。光是準備就需要花一、二個小時。過了十個小時或十二個小時，終於到達騷動的現場。這時即使是非常嚴重的騷動，也已經停止了，所以根本不需要調解紛爭。

如果是團體同志的紛爭，大都已經事先自行調停，收拾局面。如果正在團體內部，長老已經做好裁決。委員只要加以檢查，記錄到底發生什麼事就可以了。總之，一定要貫徹「不干涉」的智慧。

但日本人卻不知道這一點，在印度，因宗教和種姓的不同，適用的民法也不同。適用於回教徒的民法，或適用於特定種姓的制度的繼承法等也存在。因此，知道一種民法或一種繼承法不見得知道一切。印度社會的多樣性、社會的自立性，印度政府是加以認可的。

關於這一點，日本社會也相同。

例如，新德里的日本人會，包括子弟在內有六百到八百人，印度政府對於這些團體絲毫不加以干涉。此外，印度人的社會，日本人也不得干涉。關於團體中的問題由其內部自行解決，這就是政府的立場，也是印度人的意識。

因此，我們在了解印度社會時，不要以種姓制度的方式來考量，而要以社會的想法考量，可能較容易了解。首先，要脫離婆羅門、剎帝利、吠舍、索托羅等的分類，應該了解印度有各種社會並存。

在印度成立辦公室時，盡可能將所有成員聚集起來成爲一個社會較好。在辦公室發生的問題，在成員全部同意的狀況下解決，如果能夠讓成員了解，成員也能順利展現行動。

據說印度的公司或工廠經常有訴訟事件發生，幹部如果能夠保持了解的姿態，則由這個小社會中的長老級人物負責調停，就能壓抑當事者的不滿情緒。只要能了解這一點，就不會引起勞資爭議、對立的型態，能藉由互相協議而解決問題。雖然這並不是對萬病有效的方法，但卻是一種啓示。

清　好延——（略歷見前）

集合多樣性國家的印度之「寬容」

印度被稱爲多樣性國家。在印度如果要詳細討論宗教問題，可以列舉各種不同的說法和議論。以下略述與印度的經濟人相處時一定要了解的重點。

了解印度的宗教時，必須了解日本人所謂的「宗教」意義，和印度的「宗教」稍有不同。在印度，宗教和哲學並沒有明確的區分。印度教是與印度的傳統規範、習慣等生活方式有關的宗教。

在印度所謂的「宗教」，以印度話來說就是「達摩」，佛教佛典將其譯爲「法」。印度文中並沒有符合日文「宗教」意義的正確字眼。

印度的國勢調查要申告性別、年齡、語言以及宗教和種姓，因此，可以掌握宗教別的人口統計。以下列舉一九八一年的調查數字供各位參考。

印度教徒	八二・六（%）
回 教 徒	十一・四
基督教徒	二・四
錫克教徒	二・〇
佛 教 徒	〇・七
耆那教徒	〇・五
其　　他	〇・四

除了印度教以外的宗教不具有種姓制度，但詳細觀察時會發現，印度教以外的宗教中，仍存在種姓的階層。以平等主義爲宗旨，應該否定階級的佛教中，也殘留印度教的種姓要素。

在旁遮普地方的錫克教徒中，有的父母都是印度教徒。由這個例子可知，在印度並沒有固定的宗教。現在印度的佛教徒和從釋迦時代脈脈相傳的西藏或尼泊爾的佛教徒不同，在印度獨立前後，隨著印度憲法的起草者亞姆貝德加一起由印度教集體改宗，也就是所謂的新佛教徒。

印度教的教祖和宗教不明確，有多數神存在，哪個神是哪個宗派的神都不得而知。此外，父母與子女的宗派不同也是常有的事情。印度教有許多經典。但是並沒有如聖經或可蘭經等唯一絕對的印度教經典。關於神的表現也非常奇異，寺廟的氣氛和日本的寺廟完全不同。

沒有佛壇，不過在每戶人家家中都有祭壇等祭神的場所。此外，婆羅門家大都依婚禮或葬禮的不同，而決定要叫喚哪一種僧侶來。僧侶並不具有宗教般的階級，是否能娶妻也因宗派的不同而異。我們常說的僧侶除了婆羅門之外，還有沙德（出家遊行的修行者）、里西（聖仙）、格爾（師）等。

印度有許多新興宗教。在日本經常看到穿著黃色衣服的是「哈雷克里休納教」，在孟買近郊也可見，這是祭祀「克里休納」神的宗教團體。以最近名聲不噪的聖者賽巴巴為主的教團，召開有數十萬人規模的集會。賽巴巴會好像變魔術似地，從指間露出聖灰等，在他死亡之後教團的發展如何並沒有定論。

有的人說，這類新興宗教會和傳統的印度教融合，不過衆說紛紜。

印度教徒目前超過印度國民的八十％，但並不包括在世界三大宗教之內。也就是說，印度教並不是普遍的宗教，具有民族宗教的性質。可能是因為印度教本身吸收了土著的諸要素而形成的吧！

印度敎徒一生下來就是印度敎徒。佛敎徒要中途變成印度敎徒很困難。因爲必須自行申告自己屬於何種宗敎，因此即使不是天生的印度敎徒，也可以自稱爲是印度敎徒，但是其周遭衆人是否認定此點，又是另一個問題。

此外，印度敎的神話，認爲斯里蘭卡是惡魔棲息島，神棲息的山是喜馬拉雅山，死後流入恆河中能成佛，具有各種信仰。也就是說，並不是相信某種神就能成爲印度敎徒，而是包括生活規範、人生的通過禮儀在內，如果不住在印度，當然不能成爲印度敎徒。

印度的印度敎地位如何呢？

印度的憲法明記政敎分離，採世俗主義。此外，憲法保障信仰的自由，日本也是同樣的，但是與印度的不同點是，日本名義上並沒有與宗敎有關的節慶。而在印度，一月二十六日是共和國紀念日，八月十五日爲獨立紀念日，十月二日爲馬哈特馬・甘地誕辰紀念日，是一般的國定假日。除此之外各宗敎有很多節慶。

日本在名義上所有宗敎都排除於政治之外，但是印度所有的宗敎，在政治方面都加以認同。由這方面了解印度。也可能是一大啓示。

因此，接觸印度人時，對於其信仰的宗教必須認同，以這種態度應對。另外一面，也必須明確表明自己的宗教立場，絕對不要輕易地說：「我無信仰」。

印度教承認所有的超自然現象及土著的泛靈論。是不執著於任何固定觀念的寬容想法。

以前以BJP政黨爲主，印度教徒成爲一股政治勢力抬頭，令人擔心是否會採取排他政策。最近印度教徒勢力方面也開始反省這種過分的做法。但是，以長遠的眼光來看，以寬容爲宗旨的印度教絕對不會採取度量狹小、過度偏激的政策。

以下介紹一個表示印度教寬容的例子。

在格加拉特州的巴布那佳爾附近，有一個印度教城鎮索姆納特，索姆納特寺院是來自全國的善男善女聚集信仰的場所。除了索姆納特寺院之外，還有很多寺廟，其中也有基督教進行所謂黑色彌撒宗派的寺院，據說在這兒嘗試進行與印度教的教義相反的黑色彌撒，想要試試看死後會不會下地獄。

由此可知，印度教徒的想法的確非常廣泛。

想法廣泛增強了印度人的交涉能力。日本人與印度人交涉時，經常會輸給印度人，可能與此有關吧！

印度教不斷吸收新的事物，形成社會，也可以說是藉此營運社會的一種技巧或軟體。所以在印度不僅是占八二・六%的印度教徒，甚至連其他宗教的人及觀光客都加以包容。

清　好延（略歷見前）

祈禱、斷食、巡禮、印度教的基本知識

我在一九八一年到八七年，及九〇年到九四年，二次住在印度，親眼見到這十年內印度的社會變化。此處我不討論政治或經濟的話題，爲各位介紹印度之印度教徒的生活方式。

在印度，印度教和其他宗教的生活有密切關係。似乎不向神祈禱就無法成立每天的生活。如果能了解這種篤實的信仰，就能了解印度。

衆人經常抱持感謝之心生活。用餐時會抓一把飯獻給神，然後再吃飯。此外，在印度廢物的再生利用非常發達。我自己對於印度人重視東西感到非常佩服。而且對待植物、動物的方式也與我們不同。關於人類與自然的關係上，我們要向印度學習的地方還有很多。以宗教爲主的印度文化，還有對於世界有貢獻的重大要素。

其根源應該在印度人的宇宙觀。印度人認爲人類是小宇宙，而必須和天空的大宇宙呼應調和生存，才是人類最佳的姿態。我們的體內有與大宇宙呼應的小宇宙，事實上這種想法當我在印度生活時也能感同身受。是非常好的想法。

在印度尊重有智慧的人。不是指學歷等所象徵的「知識」，而是了解神的敎誨及自然，以及人類生存方式的「智慧」者，會受到尊崇的社會。

此外，印度人都具有精神的餘地，能接受一切，具有廣大的胸懷。以心胸狹窄的日本的眼中來看，可能認爲印度人不守時、任性而爲，對印度人產生不好的印象。

接下來探討印度敎是什麼？

印度敎是探討宇宙眞理、世界的成因、人類該做之事的宗敎。其中一個表現就是他們相信輪迴轉世。大都是菜食主義者，也就是說認爲肉食可能會吃到骨肉至親轉世的動物，因此採菜食主義。

想成爲印度敎徒，必須出生於印度敎徒之家。基本上很少有人在中途改信印度敎而成爲印度敎徒。

印度敎沒有開祖。也沒有像基督敎的『聖經』或回敎的『可蘭經』等聖典。如果有就是『威達』。這是由里西（聖仙）寫出神的聲音，由衆人口碑相傳而流傳下來的天啓書。

不過一般的聖徒很少直接看到『威達』，不都是由在二大叙事詩『馬哈巴拉塔』及『拉馬亞納』中穿插的說話及教訓，由聖者看出所有生活的規律、教誨而加以解釋的。所以討論印度教時，就必須討論印度人的生活，這種說法絕不爲過。

經常聽到印度人說「印度教是現在仍然持續發展的宗教」。經常吸收新的事物，會隨著時代而不斷產生變化。在佛教中加入土著的民間信仰和化身信仰，同時也受佛教和耆那教的影響，這就是印度教。

印度教徒和回教徒不同，他們崇拜偶像。回教徒侵略印度的時候，破壞了許多偶像。印度神祇中在世界上較爲知名的就是威休奴神及西瓦神。印度到處都賣神像的海報，裝飾於各家庭。

這些神之中，有些是日本人感覺上較怪異的神。創造這種神的，就是印度人的「化身信仰」。也就是一種認爲某個神會配合時代要求，化身爲人類姿態，出生到人間界，改正惡勢的信仰，因此，印度教及印度會吸收許多事物，建立豐饒的土垠。

其次探討印度教徒的宗教生活。首先必須記住的是，宗教與哲學渾然成爲一體。

印度教的教義，最終的目的是得到解脫。他們將驅動宇宙的原理稱爲「布拉夫曼」，而存在於每一個人個體中的本質稱爲「亞特曼」，他們所謂的解脫，就是人類藉著冥想和修行擯除雜念，使得布拉夫曼和亞特曼二者得以結爲一體。

布拉夫曼是「大我」，而亞特曼也稱爲「小我」。人類的靈魂與肉體合而爲一，表示大宇宙和小宇宙沒有任何的區別，但是人類每天的生活容易遺忘這一點，因此出現了苦惱，被夾在輪迴轉世的輪中，這就是印度教的想法。爲了得到解脫而產生了「卡爾馬・瑜伽（行爲之道）」、「朱尼納・瑜伽（智慧之道）」、「巴克提・瑜伽（信愛之道）」等各種的道。每個人按照適合自己的道修行，就能接受最高神的恩惠而得到解脫。

印度教徒理想的生活方式，有所謂「四住期」的想法。將人的一生分爲 (1)學生期 (2)家住期 (3)林住期 (4)遊行期等四期，教導在每個時期應該做些什麼。

第一階段的學生期，要侍奉老師，拚命學習聖典『威達』。其次在家住期時要供養家人、繁衍子孫、負責社會、經濟基礎的責任。等到子女長大成人後住進森林較理想，這就是林住期。這也可以說是遊行期的準備期間，可以和家人互通往來，可以和家人商量。到了最後的遊行時期則成爲漂泊之民，持續巡禮，到達神的化身恆河，在此結束一生，在河岸被燒掉，灰流入神聖的恆河，就是最好的生活方式。

以下介紹印度教徒的日常生活。

首先是稱爲普佳的祈禱，在各家庭或祠廟、寺院等，每天在各處進行。爲了感覺神就在身邊，普通人也有冥想的時間。

想要向神祈願時，則要進行斷食。例如星期一是西瓦神日，因此向西瓦神請願斷食。西瓦神和祂的妻子帕爾威提女神非常相愛。因此，很多年輕女性希望得到好丈夫而在星期一斷食。

宗教的行事主要是使用大陰曆，第十一天爲聖日，稱爲艾加達西。這天通常印度教徒不吃穀類，而吃不使用穀物的斷食用的特別飲食。斷食會控制多餘的器官和感覺，將自己的想法傳達給神知道。

此外，還有如日本四國巡禮般的聖地巡禮。爲了得到神的恩賜，必須造訪由里西（聖仙）等所開拓的著名場所、與敘事詩英雄有關的場所，懷念他們的生活方式以及業績。

印度巡禮與水有密切關係，河岸、河的會流處、河海會流處成爲巡禮的對象地。如果乘坐火車時，經常看到有人拿出硬幣由窗戶扔入河中的景象，這是對於聖河恆河的祈禱。他們認爲河海是神的化身，因此產生很多傳說故事，構成多彩多姿的神話。

最後，稍微介紹我自己也參加的從馬哈拉休特拉到邦達爾普爾的巡禮。

在馬哈拉休特拉的普尼城附近，有一個叫做亞蘭提的城鎮。在這個地方十三世紀後半期出現了一位名叫朱尼涅休瓦爾的聖者。他將印度人視爲精神象徵的『馬哈巴拉塔』的一部分『巴加威德基塔』，用這個地方的方言加以註釋講說，希望能讓一般人了解，因此非常有名。

朱尼涅休瓦爾在十六歲時叙說他的註釋，二十歲時認爲在這個世界上該做的事情全都已經做了，因此自己進入禪定。亞蘭提一直認爲他到現在還活著，持續在冥想。這個城鎮有印度教的寺院，和一些宣稱爲神曾經駐足過的石頭。

我所參加的到邦達爾普爾的巡禮，是從六月下旬到七月進行十八天。行程約二五○公里。這個巡禮並不是去巡迴特別的聖地。目的是爲了參拜聖者朱尼涅休瓦爾，以及他所相信的神。

參加的人數，最後到達邦達爾普爾時爲三十萬到四十萬人。他們一路唱著由朱尼涅休瓦爾以及其他許多聖者所做的歌誦神的歌，進行巡禮。

到邦達爾普爾的巡禮者，大多數都是稱爲「瓦爾卡里」的在家信徒團體。「瓦爾」是巡禮的意思，「卡里」則是指進行巡禮的人。有的人並沒有固定的住所，而是經常巡禮聖地而結束其一生。

這個團體的規定非常鬆懈。吃素、身上掛著念珠，反覆閱讀朱尼涅休瓦爾所寫的註釋書，一年至少參加一次巡禮。

這種巡禮連階層較低的種姓也會參加。這種巡禮非常受人歡迎，巡禮中的禁忌很多，飲食的作法、沐浴等禮儀非常嚴格，但是只有參加這種巡禮，才有機會與瓦爾卡里眾人齊集一堂，因此，他們共處的團體意識提高，而且能分享經驗。

最後的高潮時刻，是扛著聖者的神轎在最後的目的地邦達爾普爾會合時，有時候據說會聚集六十萬名男女老幼。神轎通過的道路本身就成爲信仰的對象。衆人以「請讓我參加」的姿態，額頭貼著道路上的塵埃加入巡禮的行列中。參加這種充滿謙虛能量的巡禮，當時的感動眞是難以言喻。

小磯　千尋

一九五七年出生於日本長野縣。一九八一年到九四年間，有二次共十年的時間前往普尼，學習印度教。現在在東海大學、亞洲非洲語文學院等地擔任印度文兼任講師。

擁有世界最長憲法、世界最大的民主主義國

印度擁有超過九億的世界第二位的人口數，政府發表的識字率爲五二%，雖然識字率不高，但是仍然進行大規模的選舉。以數字來看，可說是擁有世界最大的議會制民主主義之近代國家。

現在印度十八歲以上的男女都有選舉權，一九九一年選舉時的有權者數達五億二千萬人。在沒有戶籍制度的印度，製作選舉人名冊是非常辛苦的作業。大約需要動員二百萬人在全國進行調查。定居者及路上生活者每一人都必須要仔細調查，確認住所，努力給予選舉權。

投票用紙加入英文、印度文等的語文表記，使用黨的象徵標誌，讓不識字的人也能投票。此外，爲了取締不正當選舉及進行選舉管理，在全國配置數量龐大的幹部。

印度自從一九五二年進行首次選舉以來。到現在爲止實施了十次聯邦總選舉，進

行政權的交替。鄰國巴基斯坦、孟加拉等長期實行軍事獨裁或發生政變，相較之下，印度國民對於民主主義的想法的確非常強烈。

印度到底有哪些政黨呢？我們來探討一下。

首先，是印度國民會議派（INC）。從一八八五年開始，與獨立鬥爭有關，組織非常鞏固。有人經常拿它和日本的自民黨比較，不過它是比自民黨歷史更悠久的政黨。一八八五年是創設年，可說是亞洲具有最悠久歷史的政黨。黨員據說有二千三百萬人。印度現在從中道到中道左派所有的政黨，都是從國民會議派衍生出來的。因此，這個中道政黨在意識型態上並不具有大的差異。

意識型態差距較大的是左派與右派。

左派是共產黨，共產黨也不是非常偏激的政黨。共產黨內又分爲左派與右派二黨。左派共產黨在加爾各達所在的西班加爾州，以及凱拉拉州有強大的勢力。但是左派右派合計，共產黨在全國的勢力並不大，只能夠確保五十議席。

右派政黨中印度人民黨（BJP）最近備受矚目。以蓮花爲象徵，因此是以印度教爲主，以都市爲基礎想要統一印度，並不是一般所謂的過度激烈派政黨。

右派、中道、左派三股勢力中，以中道政黨的勢力最強，直到現在，印度政治的中心還是國民會議派。

印度憲法可說是世界上最長的。每年發行修訂版，連政治的構造細節都由憲法決定。印度有全國政黨與地方政黨。每一次選舉由選舉管理委員會進行全國政黨或地方政黨的認定。現在全國政黨有五個。選舉管理委員會及其委員長的地位崇高，選舉管理委員長可以保障其身分與最高法院的法官相同。

爲何要區分「全國政黨」與「地方政黨」呢？有其理由存在。因爲全國政黨沒有辦法吸收語言不同的各地方之要求。

因此，地方政黨發揮重要的作用。在地方有地方團體，有成立獨自政黨的州，還有很多掌握州政權的政黨。

例如，在南部塔米爾納德州的德拉威達進步同盟（DMK），就特別強調塔米爾的國家主義，是透過反婆羅門運動擴大勢力的政黨。在其北部的安德拉普拉迪休州，因爲這個州的語言是提爾格語，因此政黨命名爲提爾格迪沙姆政黨。不管哪個政黨，都是以黨首爲主角，個人扮演救世主的角色，搏得人氣。

此外，還有阿薩姆的阿薩姆人民黨，旁遮普的錫克敎徒的政黨等。採取地方國家主義，吸收居民要求的地方政黨，在印度是不容忽視的存在。從這方面來看，印度可說是在各角落都已經確立民主主義的國家。

日本大衆傳播媒體報導之印度的情報，大都是關於民族紛爭的消息。當然實際上民族紛爭很多，但是經常發生民族紛爭的喀什米爾、旁遮普、阿薩姆、加爾康德等地區，都是因爲中央不同意地方的要求，形成中央與地方對立的型態而引起紛爭。但這些紛爭即使大都不能以明確的型態達成共識，不過經過幾年以後自然會消除。

現在的那拉席姆哈．拉爾政權，對於這些紛爭也沒有採取積極的政策，似乎只是期待紛爭自己消失而已。但是，原本許多民族紛爭大都是因爲脫離印度政治的人因自己的意見和政治產生糾葛而引起的，一旦他們進入政治主流時，紛爭就會結束。但是只有喀什米爾例外，因爲還包括了和巴基斯坦的國境問題在內，因此現在仍然沒有解決紛爭。

印度絕不是一個只注意印度敎的國家。憲法上也規定承認人民的宗敎自由。印度的宗敎中，較大者是印度敎和回敎。八二．六％爲印度敎徒，十一．四％爲回敎徒，此外還有基督敎徒及錫克敎徒。

首任總理尼爾雖然許可宗敎自由，但是他考慮的是，實行民主主義時，宗敎方面屬於多數派的印度敎徒較有利，不過他對於少數派的回敎徒也能表示了解，並且推出希望多數派能聽少數派意見的方針。

而印度教的右派政黨ＢＪＰ對於給予回教徒和基督教徒特權的政策感到不滿，公開表示應該廢止少數派的特權，主張平等權利，批判中道政黨。當然此舉也是爲了獲得印度教徒的選票。

此外，中道政黨的國民會議派，主張應該要聽回教徒的意見，實際上也是考慮了希望在政治上獲得占十一・四％國民的回教徒的票。雖然印度教徒爲多數派，但是在選舉時並不是投下「印度票」，而是「婆羅門（最高種姓）票」、「指定種姓（最下層）票」，也就是說按照種姓制度分配票。所以，希望建立「印度票」是ＢＪＰ的政策。

在印度，並沒有宗教對立＝政治對立的架構存在。例如九二年十二月發生了回教徒的清眞寺被印度教徒破壞的事件。事實上這是爲了奪取印度教徒的票而引發的爭端，並非回教徒和印度教徒出現了政治對立。

實際上，我認爲現在印度的拉爾政權就好像日本的池田勇人政權一樣。

日本直到六〇年安保鬥爭之前，國民對政治關心，盛行民主化運動。後來池田內閣將國民的關心轉移到經濟上，促成日本的經濟發展。現在的拉爾政權也採取類似的政策，以經濟發展爲目標，致力於國家的現代化。

在印度，三分之一的人口過著聯合國所規定的貧困線（註）以下的生活。拉爾政權希望促使經濟發展，使派變大，增大中產階級，希望在底邊的人也能擁有財富的分配。由歷代政權所採取的成爲弱者，女性同志的社會主義政策中轉換出來，推出經濟自由化政策。但需要較長的時間才能達成目標。今後地方分權、經濟特區等經濟政策也是需要的。

最後敘述我個人的經驗。

在印度，有喜歡討論政治話題的傾向。不論是批判政治或是關於宗教、民族等問題，哪怕是一些比較細微的話題，都能加深與他們之間的關係。

（註）表示衆人「絕對貧困」的一個指標，每人每天必須攝取的熱量，都市爲二一〇〇卡，農村爲二四〇〇卡，以此爲基礎，計算物價指數而得到的數字。

廣瀨崇子

一九四八年生。一九七六年畢業於倫敦大學研究所。取得同大學博士學位。專攻國際政治學、南亞政治。曾任大東文化大學助教，現任同大學教授。著書包括『講座國際政治』第三卷、『更應該了解印度』（合著）等。

5
占卜「多樣性國家」未來的智慧

印度企業與世界的橋樑，在外印度人

以下探討在印度以外的印度人的經濟活動。

在印度以外的印度人之經濟活動，最近在日本的經濟相關雜誌和報紙上有許多報導。一九九四年夏天，日本經濟新聞上也做了大篇幅的報導。同年十一月『威吉』雜誌報導居住在海外的印度人在自由化政策之下，開始對印度進行大量投資。認可基礎僅次於美國，爲第二位，僅就九三年而言，實行基礎可能超越美國。

這個問題在九一年的印度自由化政策中，成爲來自日本和歐美的投資到底有多少種的問題之副題，吸引了衆人的目光焦點。而『威吉』的報導，介紹居住在海外的印度人口有一千三百萬人，他們已經開始注意到印度了。

以下探討這一千三百萬印度人。

首先，是這一千三百到一千五百萬人的數目，到底散布於世界哪些地方。資料是由塔塔財閥的顧問公司，每年提出的統計年鑑爲主製作出來的。

非　洲	一六八（萬人）
南北美	一六四
歐　洲	九七
亞　洲	六六一
中　東	一〇六
大洋洲	四八

其中最大的問題，就是在當地國的印度人的人口比率。例如莫里西斯人口的七十%爲印度後裔。像總統的名字賈佳納特很明顯是印度人的名字。

在南北美的蓋亞那、蘇里南、千里達托貝哥這些國家，人口中三十%是印度人。而尼泊爾是印度的鄰國，因此沒有辦法單純地加以比較，不過大約二十七%是印度人。

根據統計，斐濟有四十八%，也就是將近二分之一是印度人。在一九八七年的選舉中，當印度後裔的政黨獲勝時，軍隊發動政變、修改憲法，議會的構成變成印度人沒有辦法進入的型態。所以四十八％這個數字可能是政治的數字。

接下來看非洲。最大的就是南非聯邦。曼德拉政權之下，今後與海外的關係到底如何？這時八十多萬的印度人口具有非常重要的意義。

在加拿大、美國，目前各有二十三萬人、五十萬人，總計有七十萬名印度人。就「投資」面而言，這個地區的在外印度人的動向值得注意。

蓋亞那、蘇里南、千里達托貝哥從印度角度看，可說是在地球內側的中南美諸國，有三十％的人口是印度人，理由如下：

一八三三年時，英國廢止奴隸貿易，而在該地區的甘蔗園中的勞動力該如何籌措呢？出現這個問題時，英國只好由當時仍然統治的印度以年期奉公的方式將大量人口送往該地，代替奴隸而使用。這種情形也出現在斐濟、莫里西斯，到了十九世紀中葉，代替奴隸的勞役發揮了極大的作用，其痕跡至今仍殘留。

全歐洲有九十七萬印度人，其中英國就有七十九萬印度人，人數最多。

與印度接近的亞洲地區有二個國家必須注意。

其一是印度的鄰國尼泊爾、斯里蘭卡等。這些國家的在外印度人，原本就是由印度進入該國，現在仍然在那兒生存，所以原本就屬於印度世界中的印度人。而最近在外印度人對於印度的投資方面，他們的動向並不明確。

另一個就是馬來西亞和新加坡等，這些國家中印度人所占的比率將近十%，比率很高。

居住在中東諸國的印度人，共有一〇六萬人，尤其在沙烏地阿拉伯、UAE等國更多。石油危機之後中東的開發使得較低層的建設勞工，或中層的事務人員，以及一部分企業家，各種階層的人流入中東。

這些數字中是否有短期出外賺錢的勞工，令人感到懷疑。例如安曼的十九萬人的數字，或科威特的十一萬人，這些數字都是令人懷疑的問題。

這一千三百到一千五百萬的印度人，全都會與現在的印度經濟自由化，或對印度的投資有關嗎？事實並非如此。一千三百萬人中，占六百萬人的南亞的印度人，最好將其排除在問題外。或是住在歐美的印度人，是否眞有可以稱爲企業家的階層呢？事實上並不是如此。當然依國家不同，移住者的性格也有很大的不同。

舉英國爲例。英國對於少數民族的統計最完善。最大的少數民族就是印度人，此外巴基斯坦人（三十八萬）、孟加拉人（九萬）也很多。

現在住在英國的印度男性的職業，熟練勞工以下，包括準熟練、非熟練在內占六成以上。企業家、經營者或成爲專家的職業，具有許多投資餘力的人，只占四成。因此，大約八十萬的印度人中，與經濟活動有關的爲三十萬人而已。

在外印度人一千三百萬人中，扣除在南亞的在外印度人口六百萬以外，其中的四成，也就是二百幾十萬人與印度的經濟自由化有關。

到目前爲止一直探討經濟的話題，不過事實上在外印度人的存在，原本就是政治問題。其中最大的問題，就是與恐怖活動有關的問題。

例如，八〇年代印度國內最大的難題，就在於旁遮普問題。旁遮普地方的錫克敎徒主張州權限的強化或獨立，甚至在八五年暗殺了總理英迪拉·甘地。事實上，住在加拿大、美國的印度人，其中大部分都是出生於旁遮普地方，尤其是錫克敎徒。

當然，在東南亞、馬來西亞，也有很多出生於旁遮普的錫克敎徒。曼谷的印度人企業家中，最大的集團是錫克敎徒。在外錫克敎徒中，也有很多人支援旁遮普地方的分離獨立活動。不僅是資金方面的援助，有時候甚至會秘密開闢走私武器的管道，令印度政府相當苦惱。

印度政府當然不可能袖手旁觀。在九三年與英國政府之間達成協定，要趕走進行恐怖活動的在外印度人。

以往原本就存在政治問題的在外印度人的存在，在八〇年代時開始注意他們在經濟方面發揮了作用，這是英迪拉·甘地政權第二期以後的事情。也就是說，政治問題大致已經消除了，因此對於在外印度人開放門戶，建立讓在外印度人對印度投資的環境。

這二、三年來，在印度新經濟政策之下，在外印度人對印度的投資更爲顯著。

以下討論流入印度的投資，到底是來自哪些國家?流入哪些範圍?首先，根據『India Today』雜誌在八〇年代末所刊載的數字介紹情況。

這個資料是以金額基礎計算出來的。

英國	四三	（%）
除了英國以外的歐洲	六·七	
美國、加拿大	三一·二	
中東	十·三	
東南亞	六	

所以最大的資金是來自英國，除了英國以外的歐洲數字並不大。中東主要是來自波斯灣沿岸諸國。人口比例較小的就是東南亞。住在東南亞的印度人對於本國的關心似乎並不大。

事實上，我在九四年二月前往曼谷時，在聚集二百六十家印度企業的「印・泰商工會議所」，曾經聽到出身於旁遮普的企業家西布納特・巴佳吉所說的話。他原來是纖維商人，現在經營飯店、不動產、纖維工廠等，在泰國的印度人社會中，他是最具代表性的企業家之一。我問他：「你為什麼不在印度投資呢？」

他似乎有點猶豫，不知道該如何做出優等生的回答。結果他提出的理由是勞工組織太強，以及即使中央提出呼籲，末端卻不為所動。

他的另外一個理由，對於東南亞尤其是曼谷的企業家而言，最重要的一點是：「現在在曼谷比在印度活動更容易。」

就是這個理由。

這是理所當然的事情。他自己最近才開始經營飯店，而且自己能夠進駐的範圍還有很多。看到東南亞的旺盛情形，又何必再讓企業進駐印度呢？這是在外印度人的意識。

但是，是不是沒有任何人注意印度呢？也不是如此。例如，著手於蝦的養殖餌出口計畫之泰國的印度企業家，以及最近收購在印度凱拉拉州小銀行而成爲話題的錫克教徒企業家斯拉·江斯里查烏拉等企業家都是。在曼谷還可以看到來自印度衛星傳送的「ZEE　TV」。我到印度企業家家中就曾看到這個頻道。也就是說，在外國的印度企業家仍然會注意印度經濟自由化的進展。絕對不是毫不關心的。

先記住這一點，再看這一、二年對印度投資的情形，到底對於哪些業種進行投資？九三年在外印度人對於印度的投資，以件數整理來看。總件數一二三件。

但是遺憾的是，根據『Indian Investment Centre』的資料，顯示出在外印度人投資家出身國的只有四十二件而已。雖然樣本數較少，但是還是以這個數字爲基礎爲各位探討。

其中一半是住在美國的在外印度人。與先前的八〇年代的數字不同，幾乎沒有印度的件數。繼美、加之後，則是東南亞的九件。以美、加地區最多。

以業種別來看，開始自由化之後不久，以輕工業，例如纖維、衣料、縫製品等較多，而在九二、九三年逐漸進入電力、運輸、交通等基本建設部門。但是，這個統計並未表現出明確的特徵。九三年時電力部門的投資案只有一件。

值得注意的就是軟體。淸楚了解具有這種目的的投資有十一件。而比較明顯的就是金融顧問，有十件。由此可知，就是運用在歐美學到的技術、知識，而在印度進行投資。

在印度的哪些地方投資呢？得到的結果令人感到意外。由此可知在外印度人與出身地之間的繫絆並不強。

在外印度人的出身地與他們投資的地區互相比較時，發現並不一致。而現在來自海外的件數的地區分布，卻大致相同。總之，與在印度能得到合作對象的企業之分布一致。

最後一個容易被忽略的問題，也是我本身認爲應該重視的問題。

現在我們只注意到在外印度人對印度的投資，但事實上印度企業的海外投資，由在外印度人發揮的作用極大。

例如在泰國，目前包括在計畫中的投資在內，印度的比爾拉財閥的進駐企業有九項。其中有幾項甚至排名在泰國企業營業額前一千家公司的名單中。在泰國國內比爾拉財閥投資的企業，原比在外印度人所具有的企業規模更大。

比爾拉財閥在泰國展開企業活動是在六九年，先派遣一位名叫莫漢沙里亞的人前往泰國。他現在經營九家公司。

他首先與在泰國的印度纖維商人接觸，拉攏他們在泰國開始投資。從纖維產業到化學產業。現在九家公司中有六家是化學產業公司。由此可知，比爾拉財閥在海外展開事業時，一定會吸收當地的印度人，讓他們擁有股份，設立企業。然後再以這個企業爲母體，開設其他公司。

在孟買擁有據點的安巴尼財閥等，積極地進駐非洲，由此可知，在外印度人還是以某種型態互相聯繫。

因此，當印度企業進駐外國時，在外印度人負責聯絡、傳達，這都是不容忽視的作用。由這一點來看，還是需要注意世界各地的印度企業家。

佐藤　宏

一九四三年出生於日本横濱市。一九六六年畢業於東京大學教養學部教養學科（文化人類學分科）。進入亞洲經濟研究所。曾經住在印度、加爾各達、孟加拉、達卡、泰國、曼谷等地。現任同研究所地區研究部長。

處理鴉片戰爭以來的亞洲難題

印度的相互信賴關係的架構

我擔任聯合國職員時曾經住在印度。我所待的機構是「United Nations International Drug Control Program（UNDCP）」，總部在維也納。

雖然在日本麻藥問題不是非常嚴重，但是這是全球的問題。關於這個問題該如何處理，聯合國有一些條約，而日本也批准了。

UNDCP對於批准這些條約的國家，要求基於條約訂立麻藥對策，並施行對策，如果朝這個方向訂立對策時，可以給予資金援助或技術援助。因此，在我的任地國關於麻藥問題方面，我的發言就代表國際社會。

我工作的主要對象是印度、孟加拉、尼泊爾、斯里蘭卡等六國政府和NGO。印度政府是很難交涉的對手。當意見或想法不同時，他們就會說「即使聯合國不說，我們也會做，即使沒有他們的援助，我們自己也能做得很好」，使得討論更爲白熱化。

印度政府財政部之下，有處理痲藥問題的機構，稱爲「Narcotic Control Bureau（NCB）」。而我所負責的國家痲藥問題大都由內務部處理。只有斯里蘭卡是由國防部管轄，而LTTE（少數住在斯里蘭卡的特米爾人，爲了擴大自治、獨立而形成的反政府組織）的資金來源之一，就是痲藥交易。

印度原本是合法的鴉片罌粟生產國，負責管理的是財政部，因此痲藥問題也與財政部之下的NCB爲主進行管理。NCB的強化以及各州警察的痲藥對策單位的設置強化、海關對於痲藥對策的強化的取締措施、中央的社會福利部、保健部、州政府、NGO和國公立醫院等的需要抑制方面的充實，我們的任務是各自給予建議和技術及資金的援助。關於抑制需要方面實際的工作，包括啓蒙、啓發活動及治療、復健的充實推進。

不論是取締或抑制需要，實際問題是，印度及其他任地國的官民對我們的努力都非常感謝。但是基於聯合國的立場，我認爲他們還要持續強化。

我們機構還有另一項工作，就是不法栽培對策。

寮國、緬甸、泰國國境地帶的罌粟不法栽培地帶、阿富汗到巴基斯坦的黃金星月罌粟栽培地區，以及夾在二個地區之間的印度，都是不法栽培地帶。我們的機構對於龐大不法栽培地帶的取締，是以導入代替作物的型態，與聯合國機構FAO互助合作，對於對方政府進行奧援協助。印度的不法栽培規模還很小，因此並沒有進行代替作物計畫。

但是亞洲最大的麻藥問題，是以鴉片做爲原料的海洛因。古柯鹼是以南美的古柯葉製造出來的，鴉片則是由罌粟製造出來的。必須小心謹愼地割開罌粟，滴出來的生鴉片由農民收集。

大家知道印度的鴉片是鴉片戰爭的導火線。由東印度公司經營的鴉片工廠，在烏塔爾普拉迪休州東方的哥佳普爾。我也曾到那兒去過，工廠門口寫著一八二〇年。鴉片戰爭發生於一八四〇～四二年，由東印度公司運到中國的鴉片，從這兒開始由恆河上船，從加爾各達利用外航船運送到中國。所以，從合法生產到防止違法交易的流出都是重要課題。

事實上，印度的鴉片不只是東印度公司，印度商人也會巡環中亞之後將其運送到中國。雖然正確的情形不得而知，不過聽說有些財閥是靠著秘密走私鴉片而建立其財富基礎。

因此，我以此爲前提，和印度政府進行各種交涉。

印度是聯邦政府，分爲中央政府與州政府。而我交涉的對象大部分是ＩＡＳ或ＩＰＳ、ＩＲＳ。屬於三個部門的就是所謂的官僚。

ＩＡＳ是Indian Administrative Service的簡稱。而印度的警察官僚則稱爲ＩＰＳ（Indian Police Service）。可能是來自英國殖民地時代的傳統吧！非常重視歲入，在特殊範圍由ＩＲＳ（Indian Revenue Service）處理稅金或關稅。都是一些非常驕傲的人。

印度的財政部有複數的次官。帶頭的是Finance Secretary，此外，還有負責歲出或歲入的次官。我的工作對象是負責歲入的次官。這位負責歲入的次官，在先前敘述的ＮＣＢ痲藥負責局，而其長官（Director General）是當時的ＩＰＳ，即警察官僚。

印度的官員是很難交涉的對象，經常會與他們發生爭執。而這些人大都具有辯才，沒有辦法輕易接受我的建議或說服，因此事物進展不順利，必須要很有耐心。此外，ＩＡＳ等十％的女性官僚也很有骨氣，根本不聽從我的建議。

不只是印度人，每當交涉時，我必須提出公文，等待回音。在我這裡還有比利時人及丹麥人，在聯合國的培養之下，他們能書寫非常好的文件，令我非常佩服。

而我是經由企業培養的營業員，必要時也必須低頭與對方交談。我想大部分的人都了解這一點。交談的對象包括局長（Joint Secretary）、次官（Secretary）、長官（Director General）、課長（Deputy Secretary 或 Director）等，範圍非常廣泛，而且必須見好幾次面，必要時還需要拜訪相關部的大臣，和他們交談。而且談話必須非常率直，絕對不能進行內政干涉，一定要愼重地進行。

不管在哪個國家，交談都很重要。在歐美等國大都是見面時就進入工作的話題。而在印度，由於對方並不是很忙，所以在工作之前必須先聊天，因而成爲朋友的人並不少。這時我感覺印度的高級官僚實際上具有相當高的教養。會和你討論歷史或文化，不斷地表現他的見識。甚至有的次官非常熟悉日本名人。

NGO的活動如下：

在拉加斯坦州，自古以來就有吸食鴉片的習慣。以這個地區爲主展現NGO活動的大本營，在馬納克拉烏。一位名叫納拉揚辛的年長者投下自己的財產，從軍隊處借得帳篷，爲了讓鴉片中毒者戒毒而進行移動帳篷活動。他在非常艱困的環境中照顧十七～七十五歲的鴉片中毒者。像這個人及許多的NGO領導者，捨棄好的職務而奔走於此，的確非常偉大。在廣大的印度，這種人並不少。

以前我曾經駐在中東及東非，根據我的經驗，要和印度人做生意非常辛苦，因此我對印度人並不抱持好感。在這種先入爲主的觀念中，到印度就職。結果我的印度人觀逐漸產生變化。印度的確是非常有趣的國家，無所謂好惡，和他們一起工作也許覺得非常麻煩，但是另一方面，有很多人都是具有魅力的人。

以下介紹一個故事。

我前往納加蘭德州的科西馬時，一些處理麻藥問題的母親或代表們來找我。一位老婦人說她從日軍那兒聽說日軍的軍紀森嚴，而且與英聯邦軍相比，日軍在印度並沒有做什麼壞事。關於戰爭中日本的行爲我也聽過很多，這也許是事實吧！

例如，十九世紀英軍進駐印度時，克諾瑪村是一直抵抗到最後的村落，而這個村落及其周邊地區的人，在獨立時不願意歸屬印度。以民族而言較接近比爾馬人。不只對印度抵抗，五〇年代遭受轟炸，到六〇年代某個時期爲止，都不允許居住此處。

對於這些與日本有緣的地區，我認爲就自己工作的範圍內，一定要對他們有所幫助才行。

因此，與印度人相處或與印度人一起工作時，最重要的就是建立人際關係。我想這個本質不管哪個國家都相同，但是印度人對於這一點特別敏感。

如果知道「這個人對印度（或對自己）有幫助」時，就會傾聽你的說法。

身為聯合國的職員，我負責的工作是處理非常微妙的課題。所以如果無法建立雙方的信賴關係，則根本沒有任何進展。我事實上在公事的立場上處理事情的確非常順利，我想在生意上應該也是如此吧！

不過我的工作並非完全順利。回顧以往全都是反省的材料。眞希望對印度及周邊國的人更有幫助。其中與工作夥伴之間建立的信賴關係是難忘的回憶。

高橋 英彥

一九三六年出生於日本東京。畢業於慶應義塾大學，後來任職於三菱商事（株）。退休後擔任聯合國藥物統制計畫印度事務所長、南亞地區事務所長。一九九〇年到九三年為止，服務於新德里。

從不為人知的獲得外幣的主角蝦子，看日印關係

日本人很喜歡蝦子。看水產品進口協會所發行的「蝦子報告」，到一九九三年末爲止，日本從世界各地進口了三十一萬三千噸的蝦子。其中大約九成是由亞洲（印尼、泰國、印度、中國、越南）購買的。進口量每年不斷增加。到八〇年代中期爲止，幾乎都是天然產物，但是隨著養殖技術的進步，購買數量大量提升。但是，我想現在已經到了必須考慮資源的時期了。

我最初與印度結緣是在七〇年。當時我擔任三菱商事的職員，負責銷售日清食品「杯麵」的相關工作。

這些商品在實驗室階段就已經得到了好結果，爲了選定蝦子，因此要找尋進口國。必須是價格便宜、能大量取得的美味產品，而且能夠進行蝦子剝殼的廉價勞工區。當時水產業並未開發，海岸線較長、資源豐富的印度，的確是符合上述條件的國

家。

當時的印度關於蝦子的出口問題，與其他東南亞諸國相比，比較落後，日本的購買量非常少。七〇年代初期階段，日本商社派遣駐在員到印度，以從那兒設立的據點進行買賣，不過只限於機械和鋼鐵相關事業。

事實上，日本的營業員在食品方面進駐印度者我是第一位。大約過了二～三年後，三井、伊藤忠、住友等企業才派員前往印度。

從七四年開始養殖的蝦子大量繁殖，到八五年爲止十二年內，日本蝦子供給地以印度居於領先的地位。印度出口到日本的物品中，最大的是鐵礦石，其次是蝦子（現在以鑽石爲最大）。目前蝦子成爲重要的外幣獲得來源。

七二年三月，我到馬德拉斯分店就職，在蝦仁主產地凱拉拉州克琴市設立出差所，擔任首任的所長。當時我三十一歲，只有我是日本人，還有營業員及駕駛、搬運工一共七人。

凱拉拉州人口約四千三百萬人，綠意盎然，讓人不禁懷疑「這是印度嗎」？克琴是南印度第一天然良港，氣候良好，是商業都市，此外也是胡椒、香辛料、紅茶、天然橡膠、椰子、腰果等印度代表性農產物的供給地，物資豐富，很容易生活。

凱拉拉的人，不只是養蝦，在各種水產業方面都居於領先的地位。在賣蝦子的店中雇用很多女工，而其他州的工廠女工幾乎都是來自凱拉拉州。居民的手巧，是這州的特徵。

凱拉拉州的蝦仁加工情形

從接近南端的克琴開始，我負責的是印度全海域。印度的海岸線據說有六千五百公里。蝦子是大陸棚資源，所以在海岸線的所有海域中可以捕抓到蝦子。印度有二千五百個漁村，從中購買聚集在各聚點的蝦子，八〇年十一月歸國之前，我經常在海岸線附近打轉，與賣蝦子的老闆接觸，可說是過著鄉下生活。

日本進口三十一萬三千噸的蝦子，當成商品的蝦子分爲以下五大類：

(1)　白蝦　以天然蝦、大正蝦爲主體……四～五萬噸

(2)　紅蝦　生吃。主要由格陵蘭、加拿大、北歐三國進口

北海道、俄羅斯也可以捕獲……四萬噸

(3) 黑蝦　養殖蝦，八〇年代開始增產……十四萬噸

(4) 龍蝦　十一萬五千噸

(5) 蝦仁　加工原料……八萬噸

印度出口到日本的蝦子中，其中所占比例最大的就是一隻二～五公克，小型、便宜的蝦仁。在他國大半在國內消費的小型、便宜的蝦子，此處幾乎都會出口。當然這與印度的宗教及政府的方針有關。

占八成以上人口的印度教徒大半是菜食主義者，所以不吃魚或肉。而且因爲太熱了，沒有辦法在保持鮮度的狀態下將海產物運往內陸各地。在這種狀況下，沒有辦法出口的產品在漁村消費，一部分乾燥後送到內陸，九七～九八％則出口。反過來說，政府不論其價格便宜或貴，採取全部轉換爲外幣的方針。

大約二十年前，在我到印度後過了二～三年，印度的蝦子如怒濤般湧入日本。因爲不只是杯麵，大量使用蝦子的各種冷凍食品都增加了。現在冷凍食品每年的年成長率將近十％，因此，還是要大量使用印度的蝦子。印度在九三年度出口量的三萬六千噸中，將近六十％都是小型蝦仁。而越南的蝦子出口情形也具有同樣的傾向，九三年

度出口到日本的二萬八千噸蝦子中，約八十%是中小型的蝦仁。而日本製造冷凍食品所使用的蝦子原料，過半數都依賴印度和越南。

現在世界上的蝦子生產量，隨著養殖蝦的增加，年間爲二三〇～二四〇萬噸。其中日本人消耗了三十一萬噸，占百分之十幾。

但是，日本所購買的幾乎全是加工蝦子。也就是說去頭冷凍的蝦子。去頭之後重量變成六十%，蝦仁重量只有四一～四二%。因此日本人可說是吃掉了世界總生產三成弱的蝦子。以每位國民計算，年間消耗三公斤的蝦子。此外，日本國內生產爲四萬噸左右，因此有八成以上依賴進口。

這種做法如果在美國使用，則每位國民消耗掉二公斤，總量一年消耗六十萬噸的蝦子。也就是說在世界上能夠捕獲的蝦子，六十%強都被日本人和美國人消耗了。

到八五年爲止，日本蝦子的進口國以印度爲第一，後來印度逐漸變成第二名、第三名。並不是來自印度的進口絕對要減少，而是日本進口的整體量飛躍提升，而印度以外其他國家的養殖蝦子生產量提高，所以印度所占的比例降低了。

蝦子的養殖眞正以商業基礎進行，是在八〇年左右，只有十多年的時間。由東南亞尤其是印尼和泰國進口到日本的蝦子幾乎都是黑蝦，也就是養殖蝦。養殖蝦在今後缺乏天然資源的狀況中，所占的比例更大。

在印度，很早以前就開始養殖蝦子。完全採用粗放養殖。在恆河河口的水田，割完稻子之後，利用稻子的殘株當成蝦子的飼料。利用漲潮、退潮的差距築堤讓水進入。蝦子大都在河口產卵，因此專門收集種苗放入田中飼養，不必給予任何飼料，過了半年以後，蝦子已由小蝦長成成蝦了。

最早以商業基礎養殖蝦子的是菲律賓。據說其原種來自印度。在孵化場孵化之後，一隻母蝦大約會產下六十～七十萬個卵。經過半年後成爲幼蝦，放流到養殖池中。過了四～五個月後，配合成長的過程給予飼料，就會長成三十～四十公克重的蝦子。這個方法稱爲集約養殖。

七〇年代末期成功地進行企業化經營，同時進行企業化經營的還有台灣。以往出口到日本的量只有一千～二千噸，但八二～八三年開始急增，到八六、八七年時供給量達第一位。

現在在印度加爾各達等地所進行的手法，是一公頃地大約只能取得幾十公斤到一百公斤的蝦子。而如果在菲律賓和台灣，一年內運轉二～二・五次，充分使用養殖池時，能得到十～十二噸的量。因此進行良好的水質管理、早晚餵飼料，以及不斷地送入氣非常重要。

在台灣，一開始就用這個方法大量養殖蝦子，但經過三、四年後養殖池開始顯出疲態。對應策也有限度，有一陣子蝦子生病。現在在台灣南部進行的蝦子養殖中，許多蝦子養殖池已經成爲死池了。

而在印度，反省以往過密養殖的缺點，因此不會像台灣一樣急速地提升生產量。事實上日本買了太多的蝦子。另一方面，東南亞諸國政府爲了能迅速取得外幣源，對於其相關企業給予優惠措施，印度也是如此。

例如二～三年前，成立出口獎勵金。加工度越高，獎勵金就會增加。如果是單純冷凍的蝦子爲五%，營養、味道都不會產生變化，能還原將近百分之百的冷風乾燥蝦爲十%。

此外，印度的外幣限制非常嚴格，但是出口業者爲了出口而進口機械時，幾乎是免稅的。對於出口業者的個人所得要課稅，但企業的出口收益則免稅。以這個型態保護出口業者，使得經營蝦業的人不斷增加。

蝦子的生意經常必須暗中較勁，原本已經決定好的事情可能還會更改。例如簽定了一百噸的臨時契約，載貨之前如果市場價格上揚，則可能只履行一半，在契約尚未百分之百結束前，還可以再簽訂有利契約。如果不小心簽訂了下一分契約，則前契約的一半可能不被接受。

與此相比，紅茶的買賣限制比較大。紅茶和蝦子一樣，也是印度重要的出口產品。以舊宗主國英國為主，年間出口六十萬噸左右。交易所在加爾各達和克琴。品茶師非常具有權威，用自己的舌頭決斷價格，稱為投標價格。每天進行競標。

蝦子的買賣上不能建立這種系統，可說是日本方面的責任。是否將不良的商業氣息帶入印度呢？自己必須要反省一下。

坂本　浩輔

（株）海明國際代表幹部。一九四〇年出生於日本神戶。一九七二年到八〇年在三菱商事（株）馬德拉斯和克琴服務。一九八七年離開同公司，成立現在的公司，從事以蝦子為主的水產物貿易。

好像三十年前的日本……印度觀光的內情

前往印度旅行當然要乘坐飛機，在東京入關時經常聽到服務員對客人說：「容易破的物品趕緊拿出來，放在自己的隨身行李袋中，因爲到了印度之後可能就沒有用了。處理行李的人員沒受什麼教育，即使看到牌子上寫著玻璃物品，小心輕放，他根本看不懂，所以所有的東西都重重地扔在地上。」

某對駐在員夫妻就非常慘。想帶到印度吃的新鮮食物放在保麗龍盒中，結果被用力丟在地上，上面又壓了很重的行李，結果保麗龍盒破了，裡面的東西全部跑出來了。

到達印度後，首先必須在入出境管理台辦理通關手續。負責人員是德里警察。大都是上了年紀的人，需要花很長的時間辦手續。雖然有五、六個窗口，但是如果排在第十五～二十個位置，只好在那兒等待。因此，我經常對客人說：「這裡是釋迦的國家，因此任何事都要忍耐與寬容。」

隨身攜帶的行李必須經過X光檢查。此外，放在旋轉台之前還要再接受一次X光檢查。因此，等到拿到行李花了很長一段時間。

接受檢查時所有的東西都必須拿出來，所以要等很久才能拿回自己的行李。

其次是海關檢查。印度的海關人員非常熱心。有人甚至嘲笑地說也許稅收增加就能提升他們自己的成績吧！

從機場到都心的交通是使用計程車。前來做生意的人通常都會由當地事務所的人來接。如果是旅行，尤其是個人前來時，就要搭乘巴士。從機場到新德里市內的巴士非常髒，什麼時候開來、從哪裡開來都不得而知，因此，只好請求值得信賴的旅行社開車來接你較好。

離開海關後有計程車在等待。姑且不論你到哪裡，一定要先付運費。此外，印度的計程車有時沒有冷氣。在五、六月四十度的氣溫中卻緊閉窗戶。因爲車中的氣溫較外面的氣溫低。計程車上有一人坐在助手席上。問他們原因，他們說是：「他在敎計程車司機開車。」或是說：「車子有毛病時可以下來推車。」不過大都是司機的親朋友好友搭順風車。

沒有辦法塞入行李箱的行李放在車頂上，但是遇到壞司機時，甚至根本沒有在行李上綁上繩子。而且容易掉下來的東西反而擺在上面，故意走一些不平坦的道路。等到到達時行李總會少一、二樣。客人認爲沒辦法只好放棄，而司機稍後會去撿來當成自己的東西。因爲價格差距並不大，所以與其坐計程車，還不如請人爲你叫車比較好。

一流飯店的設備不錯，相信大家都有這樣的經驗。進入浴室後，即使是西式的飯店，也會有小水桶。這不是爲了讓你在洗澡時舀水沖身體，而是上廁所使用的。印度不使用紙，用水沖洗一切，這是裝水的桶。在廁所使用紙的人在世界人口中占二十%。印度使用水，認爲比用紙擦拭更爲清潔。

問印度人：「該怎麼清洗呀？」也許你認爲從前面舀水清洗，但這是錯誤的想法，要讓水沿著肩骨滑下，用三根手指清洗。剛開始時覺得很困難，習慣之後就會覺得很舒服。

爲什麼談論這些話題呢？因爲在印度乾淨的廁所很少。印度的西式廁所，除了高級飯店以外，根本沒有辦法坐馬桶。印度式的廁所和日本式的同樣的，並沒有所謂便池前擋的部分。到郊外的汽車旅館時，分爲西式和印度式的廁所，當然必須自己帶紙前去。在印度旅行時，衛生紙是必需品。

因此，導遊會說：「大家現在開始觀光。不過在此之前希望大家先到飯店的廁所去。因爲在回來之前，我們不再有機會上廁所了。」

關於購物方面，土產店的老闆以前據說對美國人價格要貴五倍、日本人要貴三倍，不過現在日本人的價格可能要貴五倍了吧！

購物時，「討價還價」是很快樂的行爲，但是非常花時間。住在印度的人有時間，花一個小時將五倍的價格降低爲二倍，被認爲是一大樂事，但是旅行者的行程都已經安排好了，通常沒有時間殺價，但是價格還是要降低一些。絕對不要用對方所說的價格購買物品。

但是導遊的生活很困苦，因此可能和土產店的老闆商量好了，故意告訴客人帶他們前往自己熟悉的店中，可以得到幾成的折扣。但是，事實上導遊和司機都和土產店老闆有所勾結。

他們的做法非常巧妙。如果是日本旅行團而且又有足夠時間的人，他們的價格就會較低一些。到了某種程度後，導遊或司機就會對老闆眨眨眼，意思是「價格不能再低了」。如果賣得太便宜，則他們的收入也少了。

因此，我們去購物時，故意對導遊或司機說幾句印度話，他覺得「這個人很厲害哦」，到了土產店時，在入口就對老闆打暗號。暗示這個人會說印度話。也就是說我聽得懂他們在我購物時交談的內容，因此事先提出警告。

在印度國內的交通，國內線的飛機很多。印度和西歐一樣非常廣大，所以利用飛機形成的交通網非常發達。

搭乘國內線時，如果在日本則二十分鐘前辦好手續就可以了，但是在印度必須在一個半小時前到達機場，因爲要進行行李檢查。

關於印度觀光方面，以上是一些必須留心的一面。不過聽說最近已經改善。

例如，印度國內線的班機，以往只由一家國營公司營運，因此運作當然較慢。從九三年開始，加入了幾家民營公司互相競爭。因此宣傳如果時間拖太久時，將會歸還費用。此外有幾家公司的空服員穿著西服，他們在機艙內的行動也變得非常快速，積極服務。

在印度搭乘國際線的顧客，可以利用免稅店。以前使用美金找回的錢並不是美金。不過現在也可以找回美金零錢了。但是免稅店不可以使用日幣。必須支付印度的貨幣盧比。

以前如果攜帶攝影機進入印度的旅行者，會被海關人員視爲罪人。不過現在規則已變更，對於攝影機不會多加盤問。

在印度觀光能獲得在其他國家無法體驗到的經驗，的確非常有趣。

我想以前的日本可能和印度相同。用餐時必須一邊揮趕蒼蠅，一邊吃東西。這是一九四五、五五年代日本經常可見的光景，但是現在即使前往日本老舊的大樓，也可以使用「西式馬桶」。

日本已經相當歐美化，變成十分乾淨了。但是我認爲也該回顧以往渡過的苦難時期，以謙虛之心體會這個開發中國家印度。

伊藤　勳

一九三八年出生於日本東京。一九六二年進入日本航空公司。一九九〇年到九三年為止擔任同公司新德里分店店長。現任亞洲旅行開發（株）常務董事。

インド現地経済関連機関リスト

印日経済委員会（インド側委員会：IJBCC）作成（インド商工会議所連合会〈FICCI〉内）
注１　上記との連絡先：日印経済委員会（JIBCC）（日本商工会議所国際部内）
注２　☆印は，日本との関係が比較的に密接な機関・企業

A）INSTITUTES：

National Institute of Public Finance & Policy : *18/2, Satsang Vihar Marg, New Delhi-110 067*

☆ **National Council for Applied Economic Research :** *Parisila Bhawan, 11, Indraprastha Estate, New Delhi-110 002*

Indian Council for South Asian Cooperation : *40, Lodhi Road, New Delhi-110 003*

Centre for Monitoring Indian Economy : *110-120, Kalindas Udyog Bhavan, near Prabhadevi Post Office, Bombay-400 025*

☆ **Centre for Policy Research :** *Dharma Marg, Chanakyapuri, New Delhi-110 021*

Institute of Economic Growth : (*University of Delhi Campus*), *Delhi-110 007*

☆ **Indian Institute of Foreign Trade :** *B-21, Institutional Area,* (*near Qutab Hotel*), *New Delhi-110 016*

Research & Information System for the Non-Aligned & Other Developing Countries : *40 B, Lodhi Estate, New Delhi -110 003*

Delhi School of Economics : (*University of Delhi*), *Delhi -110 007*

Indian Institute of Public Administration : *Indraparastha Estate, New Delhi -110 001*

☆ **Indian Council for Research on International Economic Relations :** *40, Lodhi Estate, New Delhi-110 003*

Indian Statistical Institute : *7,SJS Sanwal Marg, near Qutab Hotel, New Delhi-110 016*

Bureau of Indian Standards : *Manak Bhavan, Bahadur Shah Zaffar Marg, New Delhi-110 002*

B) FINANCIAL INSTITUTIONS :

☆ **Reserve Bank of India. (The Central Banking Authority):** *Central office Building, Shahid Bhagat Singh Road, Bombay-400 023*

Export Credit Guarantee Corporation of India Ltd.,: *Express Towers, 10th Floor, Nariman Point, Bombay-400 021*

☆ **Export-Import Bank of India.:** *Centre One, Floor 21, World Trade Centre, Cuffe Parade, Bombay -400 005*

☆ **General Insurance Corporation of India.:** *Suraksha, 170, J. T. Road, Churchgate, Bombay-400 020*

☆ **Industrial Credit & Investment Corporation of India Ltd.,:** *ICICI Building, 163, Backbay Reclamation, Churchgate, Bombay-400 020*

Industrial Reconstruction Bank of India.: *19, N. S. Road, Calcutta-700 001*

☆ **Industrial Development Bank of India.:** *IDBI Tower, Cuffe Parade, Bombay-400 005*

☆ **Industrial Finance Corporation of India.:** *Bank of Baroda Building, 16, Sansad Marg, New Delhi -110 001*

☆ **Life Insurance Corporation of India.:** *Yogakshema, Jeevan Bima Marg, Bombay-400 021*

National Bank of Agriculture & Rural Development.: *Sterling Centre, Dr. Annie Besant Road, Worli, Bombay-400 018*

National Housing Bank.: *Hindustan Times House, 18-20, Kasturba Gandhi Marg, New Delhi-110 001*

☆ **Security and Exchange Board of India.:** *1st Floor, Mittal Court, D-Wing, 24, Nariman Point, Bombay -400 021*

☆ **Shipping Credit Investment Corporation of India.:** *141, Maker Towers F, Cufee Parade, Bombay-400 005*

Small Industries Development Bank of India.: *Nariman Bhavan, 227 Vinay K. Shah Marg, Nariman Point, Bombay-400 021*

☆ **Unit Trust of India.:** *13, New Marine Lines, Sir. Vithaldas Thackersey Marg, Bombay-400 020*

C) ORGANISATIONS:

☆ **Indian Trade Promotion Organisation:** *Pragati Bhawan, Pragati Maidan, New Delhi-110 002*

☆ **Engineering Export Promotion Council:** *Vandana Building, Tolstoy Marg, New Delhi-110 001*

☆ **Confederation of Indian Industries (CII):** *23, Institutional Area, Lodhi Road, New Delhi-110 003*

Confederation of Export Units: *4th Floor, PHD House, Sri Fort Institutional Area, New Delhi-110 016*

☆ **Trade Fair Authority of India:** *Room No. 29, Pragati Bhawan, Pragati Maidan, New Delhi-110 002*

☆ **Indian Investment Centre:** *Jeevan Vihar Building, Sansad Marg, New Delhi-110 001*

☆ **Federation of Indian Export Organisations:** *3rd Floor, PHD House, OPP, Asian Games Village, New Delhi-110 016*

☆ **Federation of Indian Mineral Industries:** *301, Bakashi House, 40, Nehru Place, New Delhi-110 019*

D) CONSULTANTS:

J. B. Dadachanji & Co.: *Jeevan Vihar Building, Parliament Street, New Delhi-110 001*

Bhasin & Co.: *10, Hailey Road, New Delhi-110 001*

☆ **S. R. Batliboi & Company,:** *S-76, Himalaya House, 7th Floor, 23, Kasturba Gandhi Marg, New Delhi-110 001*

☆ **Vaish Associates.:** *10, Hailey Road, Flat No. 7, New Delhi-110 001*

☆ **A. F. Ferguson & Co. Chartered Accountants :** *Allahabad Bank Building. Bombay Samachar Marg, Bombay-400 001*

C. C. Chokshi & Co., Chartered Accountants : *Mafatlal House, Backbay Reclamation, Bombay-400 020*

S. B. Billimoria & Co.: *Maher House, 2nd Floor, R. Kamani Road, Ballard Estate, Bombay-400 038*

Mulla & Mulla & Craigie Blunt & Carde.: *Jehangir Wadia Building, 51, Mahatma Gandhi Road, Bombay- 400 023*

☆ **TATA Consultancy Services.:** *10th Floor, Air India Building, Nariman Point, Bombay- 400 021*

☆ **M. N. Dastur & Co. (Pvt.) Ltd.:** *P-17, Mission Row Extension, Calcutta -700 013*

Fraser & Ross. Chartered Accountants : *P. B. No. 4987, 169, North Usman Road, T.Nagar, Madras -600 017*

Price Waterhouse : *B-3/1, Gillander House, Netaji Subhas Road, Calcutta-700 001*

☆ **Arthur Andersen & Associates :** *No. 4, Ground Floor, World Trade Centre, Barakhamba Lane, New Delhi-110 001*

E) CHAMBERS OF COMMERCE :

注：主要都市の主な商工会議所のみ記載（インドでは1都市内に多数の商工会議所が並存している．全国的にはFICCIがApexである）

1) DELHI :

☆ **Federation of Indian Chamber of Commerce & Industry (FICCI):** *Federation House, Tansen Marg, New Delhi-110 001* **IJBCC・ICC・CACCI**

☆ **Associated Chamber of Commerce & Industry of India (ASSOCHAM) :** *Allahabad Bank Building, 17, Parliament Street, New Delhi-110 001*

☆ **Punjab Haryana & Delhi Chamber of Commerce & Industry :** *PHD House, 4/2, Siri Fort Institu-*

tional Area, behind Haus Khas, New Delhi-110 016

North India Chamber of Commerce & Industry : *4, Community Centre, New Friends Colony, New Delhi-110 065*

Delhi Chamber of Commerce : *Dilibar Building, D. B. Gupta Road, New Delhi-110 055*

2) BOMBAY/PUNE :

Bombay Chamber of Commerce & Industry : *Machinnon Mackenzie Building, 4, Shoorji Vallabhdas Marg, Ballad Estate, Bombay-400 038*

☆ **Maharashtara Chamber of Commerce & Industry :** *Oricon House, 6th Fl., 12 K Dubhash Marg, (Rampart Row), Fort, Bombay-400 023*

Western India Chamber of Commerce Limited : *232-34, Kalabadevi Road, Bombay-400 002*

☆ **Indian Merchants' Chamber (IMC) :** *Indian Merchants' Chamber Marg, Churchgate, Bombay-400 020*

Maharatta Chamber of Commerce & Industry : *Tilak Road, Pune,-411 002*

3) CALCUTTA :

Bengal Chamber of Commerce & Industry : *Royal Exchange, 6, Netaj Subhas Road, Calcutta-700 001*

Bengal National Chamber of Commerce & Industry : *23, R. N. Mukherhjee Road, Calcutta-700 001*

Merchants' Chamber of Commerce : *14, Old Court House Street, 2nd Floor, Calcutta-700 001*

Calcutta Chamber of Commerce : *18-H, Part Street, Stephen Court, Calcutta- 700 001*

☆ **Indian Chamber of Commerce :** *4, India Exchange Place, Calcutta- 700 001*

Bharat Chamber of Commerce : *No. 8, Old Court House Street, Calcutta-700 001*

4) MADRAS :

Madras Chamber of Commerce & Industry : *498, Anna Salai, Madras-600 035*

Tamil Chamber of Commerce : *157, Linghi Chetty Street, Madras-600 001*

Andhra Chamber of Commerce : *127, Angappa Naicken Street, Madras-600 001*

National Chamber of Commerce : *117, Broadway, Madras-600 108*

Sindhi Chamber of Commerce : *187, Commander-in-Chief Road, Madras-600 105*

Hindustan Chamber of Commerce : *Hindustan Chamber Building, 8, Kondi Chetty Street, Madras - 600 001*

☆ **Southern India Chamber of Commerce & Industry :** *Indian Chamber Buildings, Esplande, Madras - 600 108*

5) KARNATAKA :

☆ **Federation of Karnataka Chambers of Commerce & Industry :** *Kempegowda Road, P O Box No. 9996, Bangalore-560 009*

Bangalore Chamber of Commerce : *112, Gandhi Bazar, Bangalore-560 004*

Greater Mysore Chamber of Industry : *Sheriff Chambers, Rear Block, 3rd Floor, 14, Cunningham Road, Bangalore-560 052*

Chamber of Commerce & Industry : *Prabha Picture House Building, Hanumanth Rao Street, Mysore -570 001*

Hyderabad Karnatak Chamber of Commerce & Industry : *No. 7, Nehru Ganj Road, Gulbarga-585 104*

Karnataka Chamber of Commerce & Industry : *G Mahadevappa Karnatak Chamber Building, Jayachamarajnagar, Hubli-580 020*

6) ANDHRA (HYDERABAD):

Federation of Andhra Pradesh Chambers of Commerce & Industry : *11-6-841, Red Hills, Post Box No, 14, Hyderabad -500 004*

Andhra Chamber of Commerce : *68-B, Rashtrapati Road, Secundrabad-300 003*

7) KERALA :

Cochin Chamber of Commerce & Industry : *Bristor Road, Willingdon Island, Cochin-682 003*

Indian Chamber of Commerce & Industry : *P O B No. 236, Cochin-682 002*

8) GUJARAT :

☆ **Gujarat Chamber of Commerce & Industry :** *Gujarat Chamber Building, Ranchhodlal Marg, Ahmedabad-380 009*

Central Gujarat Chamber of Commerce : *P B No. 2513, Vanijya Bhawan, Race Cource, Baroda-390 007*

主編介紹：山內利男

1923年出生。畢業於神戶大學。自1947年到現在爲止，服務於大倉商事（株）（曾任常務董事、鋼鐵本部長兼印度總支配人，現任特別顧問）。

從1951年開始25年內駐在印度。75年回日本。

77年得到日本政府頒贈經濟協力獎。

因任日印經濟委員會常設委員（永年精勤獎），日印調查委員會委員，日印協會等的要務而每年前往印度訪問幾次。此外還擔任（財）亞洲社內印度委員會座長。

興趣：印度諸神的古像，細密畫的收集。

大展出版社有限公司	圖書目錄
地址：台北市北投區11204 致遠一路二段12巷1號 郵撥： 0166955～1	電話：(02) 8236031 8236033 傳眞：(02) 8272069

• 法律專欄連載 • 電腦編號 58

台大法學院 法律學系／策劃 法律服務社／編著

①別讓您的權利睡著了1	200元
②別讓您的權利睡著了2	200元

• 秘傳占卜系列 • 電腦編號 14

①手相術	淺野八郎著	150元
②人相術	淺野八郎著	150元
③西洋占星術	淺野八郎著	150元
④中國神奇占卜	淺野八郎著	150元
⑤夢判斷	淺野八郎著	150元
⑥前世、來世占卜	淺野八郎著	150元
⑦法國式血型學	淺野八郎著	150元
⑧靈感、符咒學	淺野八郎著	150元
⑨紙牌占卜學	淺野八郎著	150元
⑩ＥＳＰ超能力占卜	淺野八郎著	150元
⑪猶太數的秘術	淺野八郎著	150元
⑫新心理測驗	淺野八郎著	160元
⑬塔羅牌預言秘法	淺野八郎著	200元

• 趣味心理講座 • 電腦編號 15

①性格測驗1	探索男與女	淺野八郎著	140元
②性格測驗2	透視人心奧秘	淺野八郎著	140元
③性格測驗3	發現陌生的自己	淺野八郎著	140元
④性格測驗4	發現你的真面目	淺野八郎著	140元
⑤性格測驗5	讓你們吃驚	淺野八郎著	140元
⑥性格測驗6	洞穿心理盲點	淺野八郎著	140元
⑦性格測驗7	探索對方心理	淺野八郎著	140元
⑧性格測驗8	由吃認識自己	淺野八郎著	160元

⑨性格測驗9	戀愛知多少	淺野八郎著	160元
⑩性格測驗10	由裝扮瞭解人心	淺野八郎著	160元
⑪性格測驗11	敲開內心玄機	淺野八郎著	140元
⑫性格測驗12	透視你的未來	淺野八郎著	160元
⑬血型與你的一生		淺野八郎著	160元
⑭趣味推理遊戲		淺野八郎著	160元
⑮行爲語言解析		淺野八郎著	160元

・婦 幼 天 地・電腦編號16

①八萬人減肥成果	黃靜香譯	180元
②三分鐘減肥體操	楊鴻儒譯	150元
③窈窕淑女美髮秘訣	柯素娥譯	130元
④使妳更迷人	成　玉譯	130元
⑤女性的更年期	官舒妍編譯	160元
⑥胎內育兒法	李玉瓊編譯	150元
⑦早產兒袋鼠式護理	唐岱蘭譯	200元
⑧初次懷孕與生產	婦幼天地編譯組	180元
⑨初次育兒12個月	婦幼天地編譯組	180元
⑩斷乳食與幼兒食	婦幼天地編譯組	180元
⑪培養幼兒能力與性向	婦幼天地編譯組	180元
⑫培養幼兒創造力的玩具與遊戲	婦幼天地編譯組	180元
⑬幼兒的症狀與疾病	婦幼天地編譯組	180元
⑭腿部苗條健美法	婦幼天地編譯組	180元
⑮女性腰痛別忽視	婦幼天地編譯組	150元
⑯舒展身心體操術	李玉瓊編譯	130元
⑰三分鐘臉部體操	趙薇妮著	160元
⑱生動的笑容表情術	趙薇妮著	160元
⑲心曠神怡減肥法	川津祐介著	130元
⑳內衣使妳更美麗	陳玄茹譯	130元
㉑瑜伽美姿美容	黃靜香編著	180元
㉒高雅女性裝扮學	陳珮玲譯	180元
㉓蠶糞肌膚美顏法	坂梨秀子著	160元
㉔認識妳的身體	李玉瓊譯	160元
㉕產後恢復苗條體態	居理安・芙萊喬著	200元
㉖正確護髮美容法	山崎伊久江著	180元
㉗安琪拉美姿養生學	安琪拉蘭斯博瑞著	180元
㉘女體性醫學剖析	增田豐著	220元
㉙懷孕與生產剖析	岡部綾子著	180元
㉚斷奶後的健康育兒	東城百合子著	220元
㉛引出孩子幹勁的責罵藝術	多湖輝著	170元

㉜培養孩子獨立的藝術	多湖輝著	170元
㉝子宮肌瘤與卵巢囊腫	陳秀琳編著	180元
㉞下半身減肥法	納他夏・史達賓著	180元
㉟女性自然美容法	吳雅菁編著	180元
㊱再也不發胖	池園悅太郎著	170元
㊲生男生女控制術	中垣勝裕著	220元
㊳使妳的肌膚更亮麗	楊　皓編著	170元
㊴臉部輪廓變美	芝崎義夫著	180元
㊵斑點、皺紋自己治療	高須克彌著	180元
㊶面皰自己治療	伊藤雄康著	180元
㊷隨心所欲瘦身冥想法	原久子著	180元
㊸胎兒革命	鈴木丈織著	180元
㊹NS磁氣平衡法塑造窈窕奇蹟	古屋和江著	180元
㊺享瘦從腳開始	山田陽子著	180元
㊻小改變瘦４公斤	宮本裕子著	180元

・青 春 天 地・電腦編號 17

①A血型與星座	柯素娥編譯	160元
②B血型與星座	柯素娥編譯	160元
③O血型與星座	柯素娥編譯	160元
④AB血型與星座	柯素娥編譯	120元
⑤青春期性教室	呂貴嵐編譯	130元
⑥事半功倍讀書法	王毅希編譯	150元
⑦難解數學破題	宋釗宜編譯	130元
⑧速算解題技巧	宋釗宜編譯	130元
⑨小論文寫作秘訣	林顯茂編譯	120元
⑪中學生野外遊戲	熊谷康編著	120元
⑫恐怖極短篇	柯素娥編譯	130元
⑬恐怖夜話	小毛驢編譯	130元
⑭恐怖幽默短篇	小毛驢編譯	120元
⑮黑色幽默短篇	小毛驢編譯	120元
⑯靈異怪談	小毛驢編譯	130元
⑰錯覺遊戲	小毛驢編譯	130元
⑱整人遊戲	小毛驢編著	150元
⑲有趣的超常識	柯素娥編譯	130元
⑳哦！原來如此	林慶旺編譯	130元
㉑趣味競賽100種	劉名揚編譯	120元
㉒數學謎題入門	宋釗宜編譯	150元
㉓數學謎題解析	宋釗宜編譯	150元
㉔透視男女心理	林慶旺編譯	120元

㉕少女情懷的自白	李桂蘭編譯	120元
㉖由兄弟姊妹看命運	李玉瓊編譯	130元
㉗趣味的科學魔術	林慶旺編譯	150元
㉘趣味的心理實驗室	李燕玲編譯	150元
㉙愛與性心理測驗	小毛驢編譯	130元
㉚刑案推理解謎	小毛驢編譯	130元
㉛偵探常識推理	小毛驢編譯	130元
㉜偵探常識解謎	小毛驢編譯	130元
㉝偵探推理遊戲	小毛驢編譯	130元
㉞趣味的超魔術	廖玉山編著	150元
㉟趣味的珍奇發明	柯素娥編著	150元
㊱登山用具與技巧	陳瑞菊編著	150元

・健 康 天 地・電腦編號 18

①壓力的預防與治療	柯素娥編譯	130元
②超科學氣的魔力	柯素娥編譯	130元
③尿療法治病的神奇	中尾良一著	130元
④鐵證如山的尿療法奇蹟	廖玉山譯	120元
⑤一日斷食健康法	葉慈容編譯	150元
⑥胃部強健法	陳炳崑譯	120元
⑦癌症早期檢查法	廖松濤譯	160元
⑧老人痴呆症防止法	柯素娥編譯	130元
⑨松葉汁健康飲料	陳麗芬編譯	130元
⑩揉肚臍健康法	永井秋夫著	150元
⑪過勞死、猝死的預防	卓秀貞編譯	130元
⑫高血壓治療與飲食	藤山順豐著	150元
⑬老人看護指南	柯素娥編譯	150元
⑭美容外科淺談	楊啟宏著	150元
⑮美容外科新境界	楊啟宏著	150元
⑯鹽是天然的醫生	西英司郎著	140元
⑰年輕十歲不是夢	梁瑞麟譯	200元
⑱茶料理治百病	桑野和民著	180元
⑲綠茶治病寶典	桑野和民著	150元
⑳杜仲茶養顏減肥法	西田博著	150元
㉑蜂膠驚人療效	瀨長良三郎著	180元
㉒蜂膠治百病	瀨長良三郎著	180元
㉓醫藥與生活	鄭炳全著	180元
㉔鈣長生寶典	落合敏著	180元
㉕大蒜長生寶典	木下繁太郎著	160元
㉖居家自我健康檢查	石川恭三著	160元

㉗永恒的健康人生	李秀鈴譯	200元
㉘大豆卵磷脂長生寶典	劉雪卿譯	150元
㉙芳香療法	梁艾琳譯	160元
㉚醋長生寶典	柯素娥譯	180元
㉛從星座透視健康	席拉・吉蒂斯著	180元
㉜愉悅自在保健學	野本二士夫著	160元
㉝裸睡健康法	丸山淳士等著	160元
㉞糖尿病預防與治療	藤田順豐著	180元
㉟維他命長生寶典	菅原明子著	180元
㊱維他命C新效果	鐘文訓編	150元
㊲手、腳病理按摩	堤芳朗著	160元
㊳AIDS瞭解與預防	彼得塔歇爾著	180元
㊴甲殼質殼聚糖健康法	沈永嘉譯	160元
㊵神經痛預防與治療	木下眞男著	160元
㊶室內身體鍛鍊法	陳炳崑編著	160元
㊷吃出健康藥膳	劉大器編著	180元
㊸自我指壓術	蘇燕謀編著	160元
㊹紅蘿蔔汁斷食療法	李玉瓊編著	150元
㊺洗心術健康秘法	竺翠萍編譯	170元
㊻枇杷葉健康療法	柯素娥編譯	180元
㊼抗衰血癒	楊啟宏著	180元
㊽與癌搏鬥記	逸見政孝著	180元
㊾冬蟲夏草長生寶典	高橋義博著	170元
㊿痔瘡・大腸疾病先端療法	宮島伸宜著	180元
51膠布治癒頑固慢性病	加瀨建造著	180元
52芝麻神奇健康法	小林貞作著	170元
53香煙能防止癡呆？	高田明和著	180元
54穀菜食治癌療法	佐藤成志著	180元
55貼藥健康法	松原英多著	180元
56克服癌症調和道呼吸法	帶津良一著	180元
57Ｂ型肝炎預防與治療	野村喜重郎著	180元
58青春永駐養生導引術	早島正雄著	180元
59改變呼吸法創造健康	原久子著	180元
60荷爾蒙平衡養生秘訣	出村博著	180元
61水美肌健康法	井戶勝富著	170元
62認識食物掌握健康	廖梅珠編著	170元
63痛風劇痛消除法	鈴木吉彥著	180元
64酸莖菌驚人療效	上田明彥著	180元
65大豆卵磷脂治現代病	神津健一著	200元
66時辰療法——危險時刻凌晨4時	呂建強等著	180元
67自然治癒力提升法	帶津良一著	180元

⑱巧妙的氣保健法	藤平墨子著	180元
⑲治癒C型肝炎	熊田博光著	180元
⑳肝臟病預防與治療	劉名揚編著	180元
㉑腰痛平衡療法	荒井政信著	180元
㉒根治多汗症、狐臭	稻葉益巳著	220元
㉓40歲以後的骨質疏鬆症	沈永嘉譯	180元
㉔認識中藥	松下一成著	180元
㉕認識氣的科學	佐佐木茂美著	180元
㉖我戰勝了癌症	安田伸著	180元
㉗斑點是身心的危險信號	中野進著	180元
㉘艾波拉病毒大震撼	玉川重德著	180元
㉙重新還我黑髮	桑名隆一郎著	180元
㉚身體節律與健康	林博史著	180元
㉛生薑治萬病	石原結實著	180元
㉜靈芝治百病	陳瑞東著	180元
㉝木炭驚人的威力	大槻彰著	200元
㉞認識活性氧	井土貴司著	180元
㉟深海鮫治百病	廖玉山編著	180元
㊱神奇的蜂王乳	井上丹治著	180元

•實用女性學講座•電腦編號 19

①解讀女性內心世界	島田一男著	150元
②塑造成熟的女性	島田一男著	150元
③女性整體裝扮學	黃靜香編著	180元
④女性應對禮儀	黃靜香編著	180元
⑤女性婚前必修	小野十傳著	200元
⑥徹底瞭解女人	田口二州著	180元
⑦拆穿女性謊言88招	島田一男著	200元
⑧解讀女人心	島田一男著	200元
⑨俘獲女性絕招	志賀貢著	200元

•校 園 系 列•電腦編號 20

①讀書集中術	多湖輝著	150元
②應考的訣竅	多湖輝著	150元
③輕鬆讀書贏得聯考	多湖輝著	150元
④讀書記憶秘訣	多湖輝著	150元
⑤視力恢復！超速讀術	江錦雲譯	180元
⑥讀書36計	黃柏松編著	180元
⑦驚人的速讀術	鐘文訓編著	170元

⑧學生課業輔導良方	多湖輝著	180元
⑨超速讀超記憶法	廖松濤編著	180元
⑩速算解題技巧	宋釗宜編著	200元
⑪看圖學英文	陳炳崑編著	200元

・實用心理學講座・電腦編號 21

①拆穿欺騙伎倆	多湖輝著	140元
②創造好構想	多湖輝著	140元
③面對面心理術	多湖輝著	160元
④僞裝心理術	多湖輝著	140元
⑤透視人性弱點	多湖輝著	140元
⑥自我表現術	多湖輝著	180元
⑦不可思議的人性心理	多湖輝著	180元
⑧催眠術入門	多湖輝著	150元
⑨責罵部屬的藝術	多湖輝著	150元
⑩精神力	多湖輝著	150元
⑪厚黑說服術	多湖輝著	150元
⑫集中力	多湖輝著	150元
⑬構想力	多湖輝著	150元
⑭深層心理術	多湖輝著	160元
⑮深層語言術	多湖輝著	160元
⑯深層說服術	多湖輝著	180元
⑰掌握潛在心理	多湖輝著	160元
⑱洞悉心理陷阱	多湖輝著	180元
⑲解讀金錢心理	多湖輝著	180元
⑳拆穿語言圈套	多湖輝著	180元
㉑語言的內心玄機	多湖輝著	180元
㉒積極力	多湖輝著	180元

・超現實心理講座・電腦編號 22

①超意識覺醒法	詹蔚芬編譯	130元
②護摩秘法與人生	劉名揚編譯	130元
③秘法！超級仙術入門	陸　明譯	150元
④給地球人的訊息	柯素娥編著	150元
⑤密教的神通力	劉名揚編著	130元
⑥神秘奇妙的世界	平川陽一著	180元
⑦地球文明的超革命	吳秋嬌譯	200元
⑧力量石的秘密	吳秋嬌譯	180元
⑨超能力的靈異世界	馬小莉譯	200元

⑩逃離地球毀滅的命運	吳秋嬌譯	200元
⑪宇宙與地球終結之謎	南山宏著	200元
⑫驚世奇功揭秘	傅起鳳著	200元
⑬啟發身心潛力心象訓練法	栗田昌裕著	180元
⑭仙道術遁甲法	高藤聰一郎著	220元
⑮神通力的秘密	中岡俊哉著	180元
⑯仙人成仙術	高藤聰一郎著	200元
⑰仙道符咒氣功法	高藤聰一郎著	220元
⑱仙道風水術尋龍法	高藤聰一郎著	200元
⑲仙道奇蹟超幻像	高藤聰一郎著	200元
⑳仙道鍊金術房中法	高藤聰一郎著	200元
㉑奇蹟超醫療治癒難病	深野一幸著	220元
㉒揭開月球的神秘力量	超科學研究會	180元
㉓西藏密教奧義	高藤聰一郎著	250元
㉔改變你的夢術入門	高藤聰一郎著	250元

・養 生 保 健・電腦編號 23

①醫療養生氣功	黃孝寬著	250元
②中國氣功圖譜	余功保著	230元
③少林醫療氣功精粹	井玉蘭著	250元
④龍形實用氣功	吳大才等著	220元
⑤魚戲增視強身氣功	宮　嬰著	220元
⑥嚴新氣功	前新培金著	250元
⑦道家玄牝氣功	張　章著	200元
⑧仙家秘傳袪病功	李遠國著	160元
⑨少林十大健身功	秦慶豐著	180元
⑩中國自控氣功	張明武著	250元
⑪醫療防癌氣功	黃孝寬著	250元
⑫醫療強身氣功	黃孝寬著	250元
⑬醫療點穴氣功	黃孝寬著	250元
⑭中國八卦如意功	趙維漢著	180元
⑮正宗馬禮堂養氣功	馬禮堂著	420元
⑯秘傳道家筋經內丹功	王慶餘著	280元
⑰三元開慧功	辛桂林著	250元
⑱防癌治癌新氣功	郭　林著	180元
⑲禪定與佛家氣功修煉	劉天君著	200元
⑳顛倒之術	梅自強著	360元
㉑簡明氣功辭典	吳家駿編	360元
㉒八卦三合功	張全亮著	230元
㉓朱砂掌健身養生功	楊　永著	250元

㉔抗老功	陳九鶴著	230元

・社會人智囊・電腦編號 24

①糾紛談判術	清水增三著	160元
②創造關鍵術	淺野八郎著	150元
③觀人術	淺野八郎著	180元
④應急詭辯術	廖英迪編著	160元
⑤天才家學習術	木原武一著	160元
⑥猫型狗式鑑人術	淺野八郎著	180元
⑦逆轉運掌握術	淺野八郎著	180元
⑧人際圓融術	澀谷昌三著	160元
⑨解讀人心術	淺野八郎著	180元
⑩與上司水乳交融術	秋元隆司著	180元
⑪男女心態定律	小田晉著	180元
⑫幽默說話術	林振輝編著	200元
⑬人能信賴幾分	淺野八郎著	180元
⑭我一定能成功	李玉瓊譯	180元
⑮獻給青年的嘉言	陳蒼杰譯	180元
⑯知人、知面、知其心	林振輝編著	180元
⑰塑造堅強的個性	坂上肇著	180元
⑱爲自己而活	佐藤綾子著	180元
⑲未來十年與愉快生活有約	船井幸雄著	180元
⑳超級銷售話術	杜秀卿譯	180元
㉑感性培育術	黃靜香編著	180元
㉒公司新鮮人的禮儀規範	蔡媛惠譯	180元
㉓傑出職員鍛鍊術	佐佐木正著	180元
㉔面談獲勝戰略	李芳黛譯	180元
㉕金玉良言撼人心	森純大著	180元
㉖男女幽默趣典	劉華亭編著	180元
㉗機智說話術	劉華亭編著	180元
㉘心理諮商室	柯素娥譯	180元
㉙如何在公司崢嶸頭角	佐佐木正著	180元
㉚機智應對術	李玉瓊編著	200元
㉛克服低潮良方	坂野雄二著	180元
㉜智慧型說話技巧	沈永嘉編著	180元
㉝記憶力、集中力增進術	廖松濤編著	180元
㉞女職員培育術	林慶旺編著	180元
㉟自我介紹與社交禮儀	柯素娥編著	180元
㊱積極生活創幸福	田中真澄著	180元
㊲妙點子超構想	多湖輝著	180元

・精 選 系 列・電腦編號25

①毛澤東與鄧小平	渡邊利夫等著	280元
②中國大崩裂	江戶介雄著	180元
③台灣・亞洲奇蹟	上村幸治著	220元
④7-ELEVEN高盈收策略	國友隆一著	180元
⑤台灣獨立（新・中國日本戰爭一）	森　詠著	200元
⑥迷失中國的末路	江戶雄介著	220元
⑦2000年5月全世界毀滅	紫藤甲子男著	180元
⑧失去鄧小平的中國	小島朋之著	220元
⑨世界史爭議性異人傳	桐生操著	200元
⑩淨化心靈享人生	松濤弘道著	220元
⑪人生心情診斷	賴藤和寬著	220元
⑫中美大決戰	檜山良昭著	220元
⑬黃昏帝國美國	莊雯琳譯	220元
⑭兩岸衝突（新・中國日本戰爭二）	森　詠著	220元
⑮封鎖台灣（新・中國日本戰爭三）	森　詠著	220元
⑯中國分裂（新・中國日本戰爭四）	森　詠著	220元

・運 動 遊 戲・電腦編號26

①雙人運動	李玉瓊譯	160元
②愉快的跳繩運動	廖玉山譯	180元
③運動會項目精選	王佑京譯	150元
④肋木運動	廖玉山譯	150元
⑤測力運動	王佑宗譯	150元

・休 閒 娛 樂・電腦編號27

①海水魚飼養法	田中智浩著	300元
②金魚飼養法	曾雪玫譯	250元
③熱門海水魚	毛利匡明著	480元
④愛犬的教養與訓練	池田好雄著	250元
⑤狗教養與疾病	杉浦哲著	220元
⑥小動物養育技巧	三上昇著	300元

・銀髮族智慧學・電腦編號28

①銀髮六十樂逍遙	多湖輝著	170元
②人生六十反年輕	多湖輝著	170元

③六十歲的決斷	多湖輝著	170元
④銀髮族健身指南	孫瑞台編著	250元

・飲 食 保 健・電腦編號29

①自己製作健康茶	大海淳著	220元
②好吃、具藥效茶料理	德永睦子著	220元
③改善慢性病健康藥草茶	吳秋嬌譯	200元
④藥酒與健康果菜汁	成玉編著	250元
⑤家庭保健養生湯	馬汴梁編著	220元
⑥降低膽固醇的飲食	早川和志著	200元
⑦女性癌症的飲食	女子營養大學	280元
⑧痛風者的飲食	女子營養大學	280元
⑨貧血者的飲食	女子營養大學	280元
⑩高脂血症者的飲食	女子營養大學	280元

・家庭醫學保健・電腦編號30

①女性醫學大全	雨森良彥著	380元
②初爲人父育兒寶典	小瀧周曹著	220元
③性活力強健法	相建華著	220元
④30歲以上的懷孕與生產	李芳黛編著	220元
⑤舒適的女性更年期	野末悅子著	200元
⑥夫妻前戲的技巧	笠井寬司著	200元
⑦病理足穴按摩	金慧明著	220元
⑧爸爸的更年期	河野孝旺著	200元
⑨橡皮帶健康法	山田晶著	180元
⑩33天健美減肥	相建華等著	180元
⑪男性健美入門	孫玉祿編著	180元
⑫強化肝臟秘訣	主婦の友社編	200元
⑬了解藥物副作用	張果馨譯	200元
⑭女性醫學小百科	松山榮吉著	200元
⑮左轉健康法	龜田修等著	200元
⑯實用天然藥物	鄭炳全編著	260元
⑰神秘無痛平衡療法	林宗駛著	180元
⑱膝蓋健康法	張果馨譯	180元
⑲針灸治百病	葛書翰著	250元
⑳異位性皮膚炎治癒法	吳秋嬌譯	220元
㉑禿髮白髮預防與治療	陳炳崑編著	180元
㉒埃及皇宮菜健康法	飯森薰著	200元
㉓肝臟病安心治療	上野幸久著	220元

國家圖書館出版品預行編目資料

在印度的成功智慧/亞洲社日印經濟委員會編，山内利男監修，
施聖茹譯；——初版，——臺北市，大展，1998［民87］
面；21公分，——（超經營新智慧；4）
譯自：トンドで成功する智恵
ISBN 957-557-814-7（平裝）
1.經濟－印度－論文，講詞等 2.印度－社會生活與風俗
552.371 87004049

INDO DE SEIKO SURU CHIE by
YAMANOUCHI Toshio/（supervision）/ASIA CLUB. NICHI－IN KEIZAI IIN－KAI（ed.）

Originally published in Japan by TOYO KEIZAI INC., Tokyo
Chinese translation rights arranged through Orion Literary Agency and Keio Cultural Enterprise Co., Ltd.
版權仲介/京王文化事業有限公司

在印度的成功智慧 ISBN 957-557-814-7

主 編 者/ 亞洲社日印經濟委員會
監 修 者/ 山内利男
編 譯 者/ 施 聖 茹
發 行 人/ 蔡 森 明
出 版 者/ 大展出版社有限公司
社　　址/ 台北市北投區（石牌）致遠一路2段12巷1號
電　　話/ （02）28236031・28236033
傳　　真/ （02）28272069
郵政劃撥/ 0166955-1
登 記 證/ 局版臺業字第2171號
承 印 者/ 國順圖書印刷公司
裝　　訂/ 嶸興裝訂有限公司
排 版 者/ 弘益電腦排版有限公司
電　　話/ （02）27403609・27112792
初版1刷/ 1998年（民87年） 6月

定　價/ 220元